# 阅读德企

## 德企文化与工匠精神

苏霄飞 丁锴 丁亮 陆金华 编著

图书在版编目(CIP)数据

阅读德企：德企文化与工匠精神 / 苏霄飞等编著
. —苏州：苏州大学出版社，2021.9
ISBN 978-7-5672-3676-9

Ⅰ.①阅… Ⅱ.①苏… Ⅲ.①外资企业—企业文化—研究—太仓 Ⅳ.①F279.244.3

中国版本图书馆 CIP 数据核字(2021)第 162323 号

阅读德企：德企文化与工匠精神
YUEDU DEQI:DEQI WENHUA YU GONGJIANG JINGSHEN

编著者　苏霄飞　丁锴　丁亮　陆金华

责任编辑　刘冉

苏州大学出版社出版发行
(地址：苏州市十梓街1号　邮编：215006)
苏州市越洋印刷有限公司印装
(地址：苏州市吴中区南官渡路20号　邮编：215100)

开本 787 mm×1 092 mm　1/16　印张 10　字数 158 千
2021 年 9 月第 1 版　2021 年 9 月第 1 次印刷
ISBN 978-7-5672-3676-9　定价：35.00 元

图书若有印装错误，本社负责调换
苏州大学出版社营销部　电话：0512-67481020
苏州大学出版社网址　http://www.sudapress.com
苏州大学出版社邮箱　sdcbs@suda.edu.cn

# 序

我两次去德国，专门考察研究德企文化、职业技术教育和生态环境建设，对该国的企业文化和工匠精神及职业技术教育印象尤为深刻。提到"德国制造"，人们便会想到"优质精密""结实耐用""安全可靠"。成就德国制造的文化核心在于专注精神、精确主义、完美主义、秩序主义和厚实精神等，这些文化要素经过哲学思想的百年浸润，与德意志民族的整体精神文化紧密相连。在哲学思维的影响下，求真、严谨、理性的意识与"天职"观念，逐渐成为德意志民族的群体品质，并在德国制造业发展中表现为一种独特的企业文化和工匠精神。这种文化和精神在日常生活中也表现得淋漓尽致，逐渐内化为德国人的行为习惯和品性。无论是百年前的教堂大钟、地下排水系统、酿酒设备与家用产品，还是今天的奔驰、宝马、奥迪等众多工业品牌，都是德国企业文化和工匠精神在物质层面的外显。

习近平同志指出：文明因交流而多彩，文明因互鉴而丰富。在迈进建设现代化强国新征程中，从德国企业文化和工匠精神中汲取营养，形成鲜明的具有中国特色、时代特征、产业特点的质量文化和工匠精神，对培养高素质技术人才和推进我国制造业转型升级具有重要的现实意义。

我很关注太仓的现代化建设，曾与时任中国社会科学院荣誉学部委员的陆学艺先生等人，被太仓市委聘为专家顾问。苏州健雄职业技术学院也是我教学科研的重要基地。锦绣江南"金太仓"，太仓自古物阜民丰、人杰地灵。20世纪90年代初，太仓以枕江临海沿沪的独特区位优势，吸引了第一家德资企业——克恩-里伯斯（太仓）有限公司在此落户。随着克恩-里伯斯（太仓）有限公司发展壮大，越来越多的德资企业纷纷落户太仓，投资兴业。截至2020年年底，太仓集聚德资企业380家，年产值500多亿元，是国内德企集聚度最高、发展最好的县域，成为远近闻名的"德企之乡"。德企发展带动了太仓产业转型和社会繁荣，在全国综合实力百强县（市）排行榜中，太仓多年稳居前十强。深化对德合作，打造中德中小企业合作示范区，是太仓高质量发展的战略重点和突破方向。

德国企业在太仓集聚形成的产业"土壤"，也孕育了国内职业教育的一朵奇葩——"双元制"教育。2001年，太仓职业教育引进闻名全球的德国"双元制"职业教育模式，并在中德两国政府合作框架下，创建国内首个太仓德资企业专业工人培训中心，采用"德国模式"培养"中国工匠"。2007年，德国工商行会上海代表处、太仓市高新区、20多家德资企业与苏州健雄职业技术学院联合创建国内最大的跨企业培训中心——中德双元制培训中心。20年来，太仓职业教育与德企联手建立了10多个双元制培训中心，联合培养了大批获得欧盟认证的德国职业资格证书的中职、高职、应用本科等多层次技术技能人才，塑造了中国特色现代学徒制教育的"太仓样本"。太仓双元制教育强化技能训练和实践锻炼，也注重企业文化和工匠精神培养，学生（也是企业的学徒）"德技双修"，深受企业青睐；当地中学生毕业后主动选择双元制职业教育这条适合自己的升学路径已不是新闻，而是职业教育的价值认同和独特的地域文化所产生的理性回归。

德国双元制教育在太仓落地、生根、开花、结果，既为年轻人提供了成长成才渠道，也为企业发展提供了工匠人才支撑，企业发展又带动了城市繁荣和文明进步，太仓产—教—城融合发展被职教界誉为一种"太仓现象"。如何使这种现象长盛不衰，这就需要产—教—城融合发展的关键环节"教"发挥持久的引导和推动作用。因此，编著这本《阅读德企》，让更多读者深入了解德国文化，特别是德企文化和工匠精神，引导更多青少年走进德国和德资企业，了解精美产品背后的故事，以及故事所蕴含的文化和精神，对青少年职业选择和个人成长都具有积极意义。

中国文化源远流长，从来不缺乏对于品质孜孜追求的精神，然而，中国制造要跃升成为"中国智造""中国创造"，质量文化和工匠精神是当下产业后备大军亟待补充的营养元素。因此，认真阅读和深入研究德国企业，全方位地借鉴德企的文化和工匠精神，无论是对于推进中国式现代化新道路和文明新形态，还是对于实施"技能中国行动"培养高技能人才、能工巧匠、大国工匠，其重大意义都是不言而喻的。这虽然是一本有着浓郁乡土气息的地方读物，但其蕴涵的价值值得读者细细品味。

是为序。

方世南

# 目　录

序　/ 001

**第一章　德国印象**　/ 001
　　第一节　这就是德国　/ 002
　　第二节　历史上的德国　/ 008
　　第三节　享誉世界的德国企业　/ 012
　　第四节　令人肃然起敬的德国精神　/ 020

**第二章　德国教育**　/ 026
　　第一节　学前教育　/ 028
　　第二节　小学教育　/ 031
　　第三节　中学教育　/ 035
　　第四节　双元制职业教育　/ 039
　　第五节　大学教育　/ 043

**第三章　德国制造**　/ 049
　　第一节　工业革命浪潮中的"德国制造"　/ 050
　　第二节　德国工业4.0　/ 062

**第四章　太仓的德企之缘**　/ 074
　　第一节　太仓的德企之缘　/ 074
　　第二节　"德企之乡"的发展历程　/ 080

**第五章　那些你不知道的德企文化**　/ 086
　　第一节　漫谈德企文化　/ 090

第二节 从"舍弗勒"看德企的精益管理 / 096

**第六章 德企需要怎样的人才？** / 106

第一节 德企欢迎什么样的优秀人才 / 108

第二节 德企工程师眼中的中国 / 113

**第七章 德企的双元制之路** / 119

第一节 "双元制"的"太仓模式" / 120

第二节 从"益技欧"看德企的管理之道 / 126

**第八章 青年人的职场之路** / 132

第一节 青年人的职业生涯规划指南 / 134

第二节 外国人在太仓的趣味生活 / 143

后记 / 150

# 第一章　德国印象

德国，全称"德意志联邦共和国"，位于欧洲中部，被称为"欧洲走廊"。从欧洲版图来看，德国是邻国最多的国家之一，因此有欧洲大陆上的"十字路口"的美誉。德国虽不是欧洲最大的国家，却是欧盟强国。这里美丽富饶、令人神往，它像一个被上帝眷顾的宠儿，厚重、神秘、高雅、宁静、严肃，用任何语言去形容它，似乎都显得有些苍白。

德国是一个把"古老"和"年轻"这两个词融合得近乎完美的国度，在这片土地上，交织着太多撼动人心的旋律：沧桑和年轻、复古和现代、豪迈和细腻。德国还是一个盛产人才的传奇国度：伟大的数学家高斯，诗人歌德，物理学家爱因斯坦，音乐家贝多芬，哲学家马克思、恩格斯、康德、尼采、叔本华……数之不尽，他们就像一颗颗耀眼的星星，闪耀在德意志的上空，散发出夺目的光芒，直到现在依旧影响着世界的方方面面。

那么，德国到底是一个怎样的国度，竟可以孕育出如此惊艳不朽的杰作？德国人的祖先是谁？他们从哪里来？如今他们又是什么样子的呢？一方水土养育一方人，要想了解这些问题，一个好的方法就是从这方水土开始。

# 第一节 这就是德国

## 一、德国的地貌特征

德国北接丹麦，濒临北海和波罗的海，南邻奥地利和瑞士，东邻波兰和捷克，西邻荷兰、法国、卢森堡、比利时，占据着中欧重要的地理位置。德国面积约 35.7 万平方千米，人口 8 200 多万，是欧盟中人口最多的国家。

德国的地理环境主要有两大特征：

1. 多样化的地貌分布

从北向南，德国的地貌可分为四个地形区：北德平原、中德山地、西南部莱茵断裂谷地区、南部的巴伐利亚高原和阿尔卑斯山区，其中拜恩阿尔卑斯山脉的主峰楚格峰海拔约 2 963 米，为全国最高峰。

2. 河流众多

德国的另一个地理特征是河流众多，主要河流有莱茵河、易北河、威悉河、奥得河、多瑙河等。

莱茵河是德国的"黄金水道"和最大的河流，沿岸城堡林立、气势磅礴、雄伟壮观。德国境内的湖泊星罗棋布，较大的湖泊有博登湖、基姆湖、阿莫尔湖、里次湖、维尔姆湖等。正是由于德国河川的丰沛，自古至今，德国一直是欧洲各国相互往来的枢纽，这里发达的水陆交通，可以将欧洲各地的货物运输至北海和波罗的海的各个港口。

### 延伸阅读·德国故事

#### 莱茵河——德国人的母亲河

莱茵河宛如一条镶嵌在古老德国版图上的神奇丝带，它见证了太多关于德国的传奇。莱茵河更被歌德誉为"上帝赐福之地"，被人们誉为德国的"母亲河"。古往今来，这条圣洁的河流哺育了太多历史上的伟人，而她哺育的歌剧家、作曲家等艺术家更是数不胜数。河流两岸的美景让人为之动情，无论是浪漫的葡萄园，还是一座座具有浓郁复古风情的中世纪城堡，都将整个莱茵河点缀得更加让人心醉。

美丽的莱茵河畔

德国的首都是柏林，通用语言为德语。德国主要有德意志人，他们是日耳曼人的一个分支，其他还有少数丹麦人、荷兰人、吉卜赛人、犹太人和索布人。德国国旗呈横长方形，自上而下由黑、红、金三个平行相等的横长方形相连而成。国徽以金色盾牌为背景，盾牌上是一只黑色的雄鹰，雄鹰的喙和两爪为红色。德国国歌为《德意志之歌》。德国主要的宗教信仰是基督新教和天主教，各有超过30%的居民信奉，此外，还有少数人信奉伊斯兰教和犹太教。

德国国旗

（自上而下：黑、红、金）

德国国徽

## 二、一说就知道的德国符号

### 1. 矢车菊与白鹳

德国的国花是矢车菊，德国人用它象征日耳曼民族爱国、乐观、顽强、俭朴的特征。德国的国鸟为白鹳，在欧洲自古以来白鹳就被认为是"带来幸福的鸟"，是吉祥的象征，是上帝派来的"天使"，是专门来拜访交好运的人的。在德国，不少家庭会在烟囱上筑造平台，供白鹳们造巢之用。

德国国花

德国国鸟

### 2. 啤酒

作为世界酒类消费大国，德国的酒类年消耗量高居世界第二，其中啤酒销量高居榜首。特别是在每年慕尼黑啤酒节期间竟可消耗多达 600 万升的啤酒。德国也是世界第二大啤酒生产国，境内共有 1 300 家啤酒厂，生产的啤酒种类达 5 000 多种。经过德国人多年培养所形成的啤酒文化更是世界上独一无二的。每年九月末到十月初，就开始举行持续两周的慕尼黑啤酒节，届时大约有 600 万人参与其中，热闹非凡。可以说，啤酒文化已经深深地刻在了这个国家的灵魂深处。

德国慕尼黑啤酒节

### 3. 名车之国

提到德国，很多人可能会不由自主地想到世界级的名车，如宝马、奔驰、保时捷等。没错，这是一个缔造世界名车的国度，它演绎了一个又一个让人惊叹的传奇。到底是什么力量让德国的汽车制造业在世界上位居前列，在本书中，你将找到答案。

德系名车标志

### 4. 贝多芬与德国音乐

在德国历史上，有一位对整个世界音乐史产生过深远影响的天才音乐家，他就是被人们称为"乐圣"的贝多芬。贝多芬的故乡位于德国波恩，他是一个将音乐刻进生命和灵魂中的人,创造了音乐史上的传奇,写下了《命运交响曲》《月光奏鸣曲》《英雄交响曲》等不朽的杰作。以贝多芬为代表的德国音乐在世界音乐史上有着举足轻重的地位。

"乐圣"贝多芬

### 5. 拜仁慕尼黑

对于很多热爱足球的朋友来说,提到德国一定会想起著名的慕尼黑安联竞技场,这是因为这座世界级的竞技场是著名的拜仁慕尼黑的主场。作为德国足球的老牌豪门球队,拜仁慕尼黑的每场比赛都会吸引全世界的目光。时至今日,拜仁慕尼黑更是成为德国体育精神的一种象征。

德国慕尼黑安联竞技场内景

【想一想】

1. 从德国的地理位置特征来看,谈一谈为什么德国有欧洲大陆上的"十字路口"美誉。

2. 请列举你知道的德国"世界符号"。

## 第二节 历史上的德国

每个国家都有自己的建国神话：英国有凯尔特人、亚瑟王和阿瓦隆的故事；美国有"五月花"号的故事；而德国的历史，最早得从"日耳曼人"说起。

日耳曼人

最早（约公元前80年）使用"日耳曼人"这个词的是希腊历史学家波希多尼，这是对生活在莱茵河以东的部族的称谓。德国人的祖先就是古代居住在中欧的日耳曼人。

无论是谁，只要他说德语并觉得自己是德意志人，永远不应该忘记，为了这一点他应该感谢谁。

——R. 拉克尔

应该感谢谁？拉克尔这位德国的民族主义历史学家明白无误地把答案指向了日耳曼人舍鲁斯奇部落首领赫尔曼。他在公元9年的条顿堡森林战役中击败了瓦鲁斯的罗马军团，阻止了罗马人侵入现今德国人的地方。显然，德意志人和德意志国家的出现，同古代日耳曼人有着直接的渊源。

第二次世界大战德国战败，根据波茨坦会议中英、美、法、苏四国的协议，决定在德国战败后将其一分为四，分别由四个战胜国占领，并且合组一个最高管理单位——盟国管制理事会（Allied Control Council，ACC）来治理德国事务。但由于理念上的差异，在战后以美国为主的西方阵营与以苏联为主的共产主义阵营逐渐疏远。1948年3月，美国、英国、法国三国在伦敦举行会议，初步决议要将三国分别管理的德国领土合并，组成一个德国西部的政权。针对这点苏联方面做出反制，首先是退出ACC，并进而宣布着手制订一个东德政权的计划。

但直接导致东西德分离的导火线，则是发生在1948年6月20日西方占领区境内的货币重整计划。当时西方三国将占领区内原本分别发行的货币进行整合，却排除苏联占领区，发行了所谓的西德马克。随后苏联占领区也在短短三日后发行了东德马克，俨然象征东西德正式分裂。东西德分裂后，1949年5月23日，西德宣布正式成立德意志联邦共和国；同年10月7日，东德宣布正式成立社会主义共和政体，即民主德国。

英美法占领区所组成的西德加入了以美国为首的北约组织，东德则加入了以苏联为首的社会主义阵营——华约组织。1989年民主德国局势发生了急剧变化。1990年10月3日，民主德国正式加入联邦德国。民主德国的宪法、人民议院、政府自动取消，原14个专区为适应联邦德国建制改为5个州，并入了联邦德国，至此分裂了40多年的两个德国重新统一。

## 延伸阅读·德国故事

### 柏林墙——分与合的见证

1945年，纳粹德国投降后，根据二战时同盟国的有关协定，柏林被苏美英法四国分区占领。东柏林为苏联占领，西柏林为美英法共同占领。1949年，德意志民主共和国成立，东柏林成为民主德国的首都。而西柏林由美英法三国共同控制，虽然联邦德国基本法和西柏林宪法规定西柏林隶属于联邦德国的一个州，但是，西方三国认为该规定同柏林的现实地位不符,宣布该条款暂不生效,但他们认为西柏林与联邦德国间有着"特殊关系",同意西柏林在司法、经济、财政、货币和社会制度方面同联邦德国一体化。1961年,为阻隔东德人迁往西德,东德政府在东柏林自己的一侧修建了著名的柏林墙。1990年10月3日,勃兰登堡门上的和平女神又一次见证了国家命运,分离了41年的德国再次统一。这一天,也被确定为德国的国庆日。随后,德国积极投身欧盟和欧元区建设,成为欧洲经济实力最强大的国家,是仅次于美国和日本的世界第三大经济强国,是继美国之后的世界第二大贸易国。它成功地将四分五裂的柏林、东德各州和西德各区聚拢在一起,实现了大体上的和谐与统一。

柏林墙

1970年的一个萧瑟冬日,刚刚上任的联邦德国总理勃兰特,来到了波兰华沙犹太人纪念碑前。二战中,波兰约有250万犹太人在集中营里饱受绝望的折磨,最终无助地死去。在冰凉的风中,勃兰特一步步走到死难者的墓碑前,在全世界的注视下,这位二战中反纳粹的英勇斗士,做出了一个令所有人震惊不已的动作——他跪倒在地。

"上帝饶恕我们吧,愿苦难的灵魂得到安宁。"1970年12月初,时任联邦德国(西德)总理的维利·勃兰特,对东欧各国进行国事访问期间,来到华沙犹太人死难者纪念碑前,献上花圈后,肃穆垂首,突然他双腿下跪,向无辜被纳粹党杀害的犹太人表示沉痛哀悼,并虔诚地为纳粹时代的德国认罪、赎罪。

一位记者写道:"不必这样做的他,替所有必须跪而没有跪的人跪下了。"

跪下去的是勃兰特,站起来的是德意志。二战后,联邦德国开始陆续向遭受德国法西斯迫害的受害者及其遗属支付巨额赔款。教育部门则将法西斯暴行列为历史教科书的中心内容,强调"关键的任务是教育下一代",要"将防止历史悲剧重演的职责视为己任"。

勇于承担历史责任的德国回到了欧洲的怀抱,也回到了世界舞台。

【想一想】
1. 德意志民族是怎样由盛转衰的?
2. 德国历史上经历了几次统一?分别是哪几次?

## 第三节　享誉世界的德国企业

德国是一个非常独特的国家，在 19 世纪末到 20 世纪初的短短几十年时间里，迅速崛起成为令人瞩目的工业化国家；然后又在不到 30 年的时间里，发动了两次世界大战，经历了战败国的历史命运。第二次世界大战后，在战争的废墟上，一分为二的德国走上了不同的发展道路，其中联邦德国不仅创造了经济发展的奇迹，而且还凭着强大的民族意志力，以对历史负责的态度洗刷了侵略战争的耻辱，重新回到了西方强国的世界秩序之中；而民主德国也称得上是社会主义阵营中经济发展程度较高的国家之一。重新统一之后的德国不仅是欧盟体系的中坚力量，而且还是国际政治和经济舞台中不可或缺的国家。

是什么力量造就了德国如此强大的综合国力？德国经济发展的基础和主体是什么？曾经历了历史发展断层的德国又是如何重构的？诸如此类的问题我们可能会有很多答案。有人认为德国是一个具有较深思想深度和丰富文化内涵的国家，德国是思想家、诗人和作曲家的摇篮，从康德、黑格尔、费尔巴哈到马克思和恩格斯，从席勒到歌德和海涅，从巴赫、贝多芬到舒曼、瓦格纳、韦伯，他们中的每一个人都是一座历史的丰碑。也有人认为德国是盛产科学家、工程师和技师的国家，科学巨擘爱因斯坦、生物化学的创始人费希尔、著名物理学家赫兹都是德国人。此外，也有一个广为流传的观点认为，德国是一个制造王国，其登峰造极的制造业，尤其是机械制造业和汽车业享誉世界，"德国制造"已经成为品质、品牌和品位的代名词。而锻造"德国制造"的正是各行各业中各种类型的德国企业。

### 一、独特的"小"文化

在我们耳熟能详的德国品牌中，有相当一部分是中小企业造就的，它们是德国资本主义的核心和灵魂。根据德国官方有关统计资料显示，中小企业产值占德国私营企业国内生产总值的 50% 以上，占投资总额的 40%；就业人数占国内私营企业的2/3；国内80%的技术工种是由他们培训出来的。很多中小企业在世界同行业中独领风骚，是德国经济发展的"隐形冠军"。

小而精是德国中小企业的特点，小是指企业的规模小，相对于大企业而言，从业人数较少；精是指产品的科技含量和单位产值较高。作为一家中小企业，它必须具备大型企业统计数据里所没有的许多东西：质量高、设计精、售后服务佳、产品定位准。德国中小企业的销售代表必须能够卷起袖子修理机器，他们当中很多人都具有工程学学士学位；市场上的德国产品主要依靠质量而不是价格取胜；许多企业也十分关心本地文化，并且积极投身社会，为社会发展出谋划策。

德国制造的机械产品一直是无可争议的高端设备，德国是系统和配件出口的"世界冠军"，而创造德国机械设备制造业如此骄人成绩的却是中小企业，理由很简单：它们更接近用户，更富创造力。

## 延伸阅读·德国标签

### 小而强：德国"隐形冠军"企业的力量

杨小刚

在很多人印象中，"德国制造"代表着世界高端品质。这除了因为德国有大众汽车、西门子、戴姆勒、宝马、博世、贺利氏等大型高端工业制造企业外，还因为这里诞生了千万家小而强的"隐形冠军"企业，它们才是"德国制造"的支柱和骨干。

根据德国联邦外贸与投资署提供的数据，德国99.6%的企业都是中小型企业，这些企业提供了79%的工作岗位，贡献了超过55%的经济附加值。在这些中小型企业中，隐藏着很多不知名，但产品和市场份额在世界数一数二的企业，这些企业被称为"隐形冠军"。

赫尔曼·西蒙被称为"隐形冠军"之父，他长期跟踪和研究"隐形冠军"企业，并著有《隐形冠军：未来全球化的先锋》一书。根据他的定义，"隐形冠军"需具备三个标准：一是在某个领域处于世界前三强的公司或者某一大陆上名列第一的公司；二是营业额低于50亿欧元；三是并不众所周知。尽管营业额是一个动态标准，不为大众知晓也是一个不太精细化的指标，但这个定义还是大致为我们描绘了当前"隐形冠军"的形象。

根据这个界定，德国很多"隐形冠军"远没有达到世界500强的级别，就算在德国也排不进前 100 名。在一项抽样调查中，这些"隐形冠军"的平均年营业额只有 3.26 亿欧元，四分之一的公司只有不到 5 000 万欧元的营业额。从全球范围来看，这规模确实很小。然而，就是这些小公司，才是真正有力的全球竞争者，且处于市场的领先地位。

这些不知名的全球市场领导者，产品范围涵盖了整个工业产品、消费产品和技术服务等各个领域，包括按钮、装订材料、金属网、无损检测、养鸡场设备、玻璃幕墙、酒店软件、捕蝇纸、温度控制技术等。虽然其中有很多我们每天都在使用，但因为长期定位于某个细分领域，而且许多公司或通过给机器、部件、软件进行配套生产和服务，或处于价值链的深层，或搞着"内勤"工作，以至于这些产品并不容易被消费者看到，但它们的技术和市场份额都处于全球领先地位。

比如总部位于巴伐利亚施瓦本的 Seele 公司，专注于玻璃外墙的设计和建造，世界很多地标性建筑中都用到了它们的产品。像耗资 50 多亿美元的苹果公司新总部"太空船"，其外墙全部使用玻璃，号称拥有全球单片面积最大的曲面玻璃。这些曲面玻璃，就来自苹果公司的长期合作伙伴 Seele 公司。

北京鸟巢的顶层铺膜、上海人民广场大剧院的玻璃幕墙，也是由 Seele 公司设计和制造的。这家公司在欧洲和世界各地参加过众多玻璃幕墙项目，但在媒体面前始终保持低调。

这些企业，既为德国提供了强劲的出口业绩，也为德国提供了非常有价值的工作岗位。而且，因为它们 70% 以上是家族企业，很少在资本市场上市，在制定企业目标时，很少会受投资者和股东的干扰，大多基于长远的商业目标和员工考虑，所以无论是员工的稳定性，还是企业创新性上都颇有特色。

因为"隐形冠军"大多是家族企业，所以它们在考虑企业目标时，不是三年五年的规划，而是一代两代人的规划。这种基于长远目标的规划，促使这些企业舍得投入资金搞技术研发。根据西蒙研究的数据，在每 1 000 名员工中，"隐形冠军"企业的授权专利是大公司的 5 倍。从世界范围看，正是"隐形冠军"企业使德国在专利拥有量上处于世界领先水平。从专利的绝对数量来看，美国居于首位，其次是德国，第三位是日本。但从每百万居民拥有的专利数量来看，德国则远远领先于其他国家，稳居榜首。同欧洲主要国家相比，德国每百万人口拥有的专利数量是法国和意大利的 4 倍，差不多相当于英国的 5 倍。

最近一次在德国的考察过程中，巴伐利亚投资促进局负责人沃尔夫冈·许布什勒博士向笔者介绍，德国的"隐形冠军"企业主要集中在巴伐利亚、巴登-符腾堡和北莱茵-威斯特法伦这三个州，这三个州的"隐形冠军"占德国"隐形冠军"的 70% 左右。而这几个地方，又是德国经济最具活力的地方。

据沃尔夫冈·许布什勒博士介绍，巴伐利亚州 GDP 总量为 5 700 亿欧元，在

2010—2016年中，一共保持了14.7%的增速，失业率维持在3.4%的低水平。如此亮丽的经济数据，中小型企业和"隐形冠军"企业起了非常重要的作用。

在美国2008年次贷危机前的几年，德国曾因过度依赖生产制造行业，不能足够快地过渡到服务业而饱受批评，甚至被嘲笑。但自危机爆发以来，这种看法已被完全扭转。其他发达国家如英国、法国和美国，纷纷对服务行业进行了过度的投入，忽视了生产行业，导致在危机中受创最大，而德国则受影响很小。这些中小型企业和"隐形冠军"企业以工业制造为主，把就业大多留在了德国，其稳健的经营方式，对稳定德国国民经济发挥了积极影响。

稳健而低调的经营理念，也给这些"隐形冠军"带来长久的存活时间。据西蒙博士的研究数据，这些企业的平均年龄为66岁，38%的"隐形冠军"存在了100年以上。

德国的"隐形冠军"的特征有三点：首先，大多数企业是家族私有，但60%的家族企业聘用专业人士来管理日常事务。这一比例几乎是美国、英国和法国家族企业的两倍，这样，它们就将家族私有同专业管理结合起来。其次，它们是创新的"发动机"。德国优秀中小企业研发经费占销售额的比例是其他国家相应企业的两倍。最后，德国中小企业努力在全球建立自己的销售和配送网络，这有助于它们理解消费者的需求，提供高质量的服务。

德国为什么会产生如此多的"隐形冠军"？这也是很多企业管理人士和专家一直研究的课题。通过与德国一些专家和企业界人士的交往，我们发现除了很多人提到的德国人严谨而理性的性格、对产权制度的保护及双轨制的职业培训制度（学生除了在课堂学习理论知识外，必须被安排固定时间在工厂实践和培训）外，还跟德国企业对员工的重视密切相关。

德国企业的员工跳槽率非常低，很多员工一辈子就待在一家家族企业中工作。员工与企业管理层之间薪酬差距不是很大。有长期生活在德国的朋友告诉笔者，一些公司的前台跟企业高管之间薪酬也就相差三五倍，不像中国一些企业的普通员工与高管之间的薪酬动不动就有几十倍上百倍的差距。

在很多企业，董事具有决策权，员工必须执行，然而，在德国并非这么简单。在许多公司中，员工就一些重要主题依法享有决策权。根据相关法律，在所有最少拥有5名员工的德国企业当中，员工有权选出"工会"，管理层在重要决策中须有员工代表在场；员工人数超过20人的企业，工会可在管理层事先未张贴内部职位空缺的情况下保护员工不被解雇。这些对员工的强有力保护，也为员工长期在一家企业中发挥工匠精神提供了良好环境。

2009年，国际金融危机爆发后，德国国内生产总值下降了4.7%，为战后德国经济的最大跌幅。受出口需求下降的影响，工业和工业服务领域的打击尤为严重，出口同比下滑20%。根据以往的经验，这意味着德国要损失120万个工作岗位。然而2009年德国的失业率相较上一年并未上升,很多企业坚持保留自己的专业人才,这起到了十分关键的作用。

另外,政府的扶持政策也是原因之一。德国经济部推出以中小企业为基础的一整套政策,在支持创新、保障专业人才、企业成立与交接、寻找国外市场发展机会、提供资金支持、提高资源利用效率、减少行政手续等方面为中小企业提供支持。2011年,在德国成立一家中小企业平均需要4.8天,费用180欧元,这两项指标还不到欧盟平均水平的一半。

最后,值得重视的是,德国有重视研发的企业文化。65%的中小企业参与研发活动,40%的中小企业有自己的研发部门,比例均为欧洲最高。在金融危机期间,德国企业采取短时工作制和灵活工作制,鼓励员工参加培训,学习更多的知识和技能。在订单减少的时候,企业的研发并没有停止。金融危机过后,德国企业一方面拥有了专业水平更高的员工,另一方面有了新产品,为它们重新迅速占领市场奠定了良好的基础。

在中国,很多企业都喜欢追求规模效应,喜欢做大做全,喜欢跑马圈地、上市圈钱,但随之而来的风险也成倍增长,这导致企业的寿命偏短,在遇到宏观经济周期衰退时,也给整体经济带来起伏波动的风险。

德国这些"隐形冠军"的成功事例,值得中国企业学习。

[选自《小而强:德国隐形冠军企业的力量》,第一财经网(2018年6月12日),有改动]

## 二、"严于标准"与"乐于创新"

德国被称为"创意之国"。长期以来,无论是何种规模的德国企业都非常重视标准化生产和研发创新,这已经成为德国企业的一种品质和习惯。"德国制造"只有以标准化生产和研发创新作为底蕴,才能在各自领域独领风骚数十年甚至上百年,显示出其大而强、小而精、全而优、高而专的独特魅力。

德国产品生产的标准化问题,源于当时工业化的外部环境和企业生存发展的内在要求。工业化的突飞猛进要求德国尽可能地开辟国内外市场,但海外殖民地已基本被英、法等国瓜分完毕,德国境内又缺乏廉价的原料资源,为了能在海外市场中与英、法等国相抗衡,德国社会普遍认为,唯一可行的办法就是改进产品设计,用高质量的产品打开销路,夺取市场。

为了满足机械设备制造业批量生产的需要,在第一次世界大战尚未结束时,德国就开始制定全国范围内的产品生产标准,先后建立了德国标准化协会(DIN)、德国电气、电子和信息技术协会(VDE)、德国机械制造标准委员会

(NAM)三大标准化机构。

德国标准化协会，德文名称：Deutsches Institut für Normung，德文缩写：DIN。它是德国最大的具有广泛代表性的公益性标准化民间机构。它成立于1917年，总部设在首都柏林。

从企业来说，在参与有关标准化的各种活动中，企业可及时了解行业信息和知识，减少风险及设计研发和各种交易成本，对产品的开发、设计和生产具有重要意义。产品生产标准化制度的建设，对于德国及其设备制造企业，以及德国经济的发展产生了非常积极的影响。与专利和许可制度相比，标准化给德国带来了更大的经济效益。据德国专家研究，标准化每年为德国带来170亿欧元的经济效益，约占德国国内生产总值的1%，标准化对经济的贡献率为2.7%，是专利对经济贡献率的9倍。德国企业对"谁制定标准谁就拥有市场"体会至深。

德国标准化协会

## 延伸阅读·德国标签

### 创意之国

德国企业不断向前发展的驱动力还来源于发明创造和技术创新。德国之所以被称为"创意之国"，是因为他们的商品不仅是被制造出来的，而且是被创造出来的。长期以来，德国涌现出许多善于发明创造的企业家。德国工程师奥托于1876年发明了四冲程煤气内燃机；戴姆勒于1883年发明了卧式发动机；狄塞尔于1897年发明了柴油机；1886年，卡尔·本茨发明了汽车，由此诞生了现代汽车制造业。再诸如在煤炭、钢铁等基础产业领域，德国企业率先建立了内部实验室，从事研究和开发工作。除了发明创造外，企业的技术创新也是推动"德国制造"走向世界的重要因素。在技术创新方面，德国企业能够处理好模仿和创新的关系，二战后它们拷贝了英美的技术和生产方式，但把这种追随和模仿当作学习的起点和创造的过程，它们会把"拿来主义"的东西研究明白，然后加入自己的创新，最后研制出更胜一筹的技术和产品。如化学制造业就是典型的"学生超过老师"的例子，德国的技术人员和科学家到英国和法国学习化学，回国后研制各种新型化学品，创新了化学教育体系和模式，最终将化学研究和生产中心从英法转移到了德国，实现了化学制造的全球垄断。

### 三、对传统制造业的坚守

长期以来,钢铁、机器设备、化学和药品、汽车等制造业是德国工业经济的核心部门,曾经是名副其实的朝阳产业。随着时代的进步,科学技术日新月异,不少曾经是朝阳产业的传统制造业不可避免地成了夕阳产业,如纺织、钢铁和冶金等。特别是20世纪80年代以来,随着电子化和信息化浪潮的迅猛发展,以服务业为主体的第三产业开始成为主要发达国家的支柱产业,工业化时代的传统制造业慢慢走向衰落。在这样的时代背景下,德国传统制造业也面临着严峻的考验。

但事实胜于雄辩,德国的传统制造业终究没有成为夕阳产业,反而在服务业大行其道之时,显示出"制造"的优势和魅力。在不断摸索和转型中,德国传统制造业找到了继续发展的方向。一方面,运用先进的微电子技术手段对制造业进行彻底改造,进行转型升级;另一方面,找到制造业内部有机联系的产业链,在各个产业之间形成上下游产业的内在结构,以及开放和动态的产业发展格局。如机械设备制造业就成为电气和电子制造、汽车制造、化学药品制造及新兴产业的上游产业。这样德国制造业就可以在全球化的生产布局中,同时为发达国家及新兴市场国家和地区不断提供工业产品和服务。在环境和资源的约束下,具有技术发明和创新传统的制造业,又成为新兴的节能和环保等产业的推动者和主力军。曾被大多数西方发达国家称为夕阳产业的传统制造业,又一次成为德国经济复苏的驱动器。

近十年来,"中国制造"已浮出水面,物美价廉的中国商品横扫全球市场,中国也被誉为"世界工厂",是世界生产和贸易大国。但"中国制造"正面临着许多问题,如环境资源约束、土地资源日趋紧张等,并且技术方面也没有在高端领域占有优势,这已经给低成本、高耗能、高污染和廉价出口的中国制造敲响了警钟。对于处于工业化中期阶段的中国来说,传统制造业仍然是经济增长的重要动力,是一个需要长期发展的经济部门,是不能被削弱和替代的。但关键的问题是如何对传统制造业进行技术改造和更新换代,使其步入新兴的产业发展轨道。相比之下,德国企业所具有的自有生产能力、高质量和高品质、高附加值、品牌和环保优势,都是值得中国制造企业学习和借鉴的。只有当我们有更多中国品牌的机器设备出口时,"中国制造"才会更加自信,"中国制造"也才会更有力量。

【想一想】
1. 德国中小企业的特点有哪些?
2. "中国制造"面临的困境有哪些?应该如何向德国企业学习?

## 第四节　令人肃然起敬的德国精神

### 一、凡事井然有序

任何人听到"德国人"这个词时,首先想到的应该就是效率与组织。这两个词一般不会与国民性格联系在一起,那么世人的这种印象从何而来?在德国的任何地方,你都会有种干净整齐、有条不紊的感觉,即使是最微不足道的细节也是如此。然而,德国人并没有刻意追求这些,他们看重的是秩序,效率和组织只不过是秩序的副产品而已。秩序是德国的基本价值观,而且贯穿德国人的一举一动。

凡事都要井然有序,它体现了德国人的一种信仰,即万事万物都有内在秩序和体系。生活的目标就是分析每一件事,发现其中的秩序和体系,然后加以应用。德国教育和社会培训的作用就是向人们灌输追寻秩序和意义的思想,并告诉人们应该如何对其加以应用。秩序构成生活牢不可破的坚实基础,混乱会让德国人感到不安,所以,不论形势多么困难,德国人的首选目标都是搜录并重建秩序。你可能会说"那又怎样,大家都喜欢井然有序的生活",的确如此,但在德国,凡事讲秩序已经上升为一种民族理念,而且已经波及民族生活的方方面面。其中一个例子就是"规划"。德国公司会提前数月就开始规划,了解在该事件发生前,可能会出现哪些情况变化。他们追求秩序意味着他们宁可花时间把每种情况变化的应对都计划好,也不愿在马上要做之前再做全盘考虑。

就整个社会而言,可以想象,秩序成为一个民族的内在规则,会出现什么样的结果;还可以想象,看到垃圾不捡比视而不见还让人难受,会是怎样一番情景。这样您就可以理解德国精神了,这是一种社会秩序内化的民族意识。例如,它可以解释德国为什么是欧洲最有生态意识的国家;为什么在看到陌生人违反规则时,不管是多么微小的规则(比如乱穿马路或违反社会公德),德国人都会挺身而出进行劝阻,而在其他国家,人们可能会默默忍受这些行为或坐视不理。把秩序放在首位的民族精神带来很多影响。首先，如果选举了一位领导人，他们就会按照领导人的话去做，所以尊重权威非常重要；其次，提前计划、有效组织并认真检查的人会让他们更满意，而"临阵磨枪"或匆忙做事的人则不受欢迎。这一切也形成了人们对德国人的刻板印象：沉默寡言、不苟言笑、一板一眼、恪守秩序。当然，事实绝非表面看到的这样，德国人和其他任何国家的人一样有着很强的幽默感，而且内心深处有种爆发式的桀骜不驯，1990年推倒柏林墙这一惊人壮举就是很好的例子。

## 二、诚实与责任

坦率直白是德国社会的特点。德国人更喜欢直言不讳地说出自己的想法，而且更喜欢依靠事实来处理问题。在德国说话一定要心口如一，不用太担心这样会得罪人。即便在说英语的时候，德国人仍然保持一贯的"直率"风格，地道的英语里有很多"请""谢谢""可能""大概""也许"之类的词，但德国人说英语只会用"是的""不""应该""必须"，让人感觉口气很强硬，这却是德国人诚恳和有担当的一面。

**延伸阅读·德国风格**

### 直接切入话题

一家金融服务公司举行了一次团队协作演练，参加人员有爱尔兰人、英国人和德国人，他们共分为两队，每队派一位观察员。到了汇报阶段，爱尔兰人用风趣幽默的语言，外加很多有意思的旁白，指出了其团队表现出的一些瑕疵。然后轮到海因茨发言了，海因茨来自慕尼黑，小伙子长得很帅，待人友好和善，很有魅力，而且英语说得顶呱呱。他是这样开始的：根据我的观察，我总结了十条，第一，你们没有怎样怎样；第二，你们本应该怎样怎样，但是你们没这么做；第三，你们没有怎样怎样……他就一直这么讲下去。

会间休息时，英国人和爱尔兰人把主持人拉到角落里，说："海因茨太叫人生气了。他说得我们手心直冒冷汗。"这位主持人是英国人，他也同意他们的说法，因为他也有同感。虽然他也知道海因茨只是按照德国人的方式，把做得好的当作理所当然，不必多说，把做得不好的和应该吸取的教训简单明了、直截了当地告诉大家。在工作中这样做或许会十分奏效，但是在人际交往中可就行不通啦。但毋庸置疑，在休息时，海因茨彬彬有礼的举止又挽回了大家对他的好感。

## 三、尽职尽责

尽职尽责是德国人生活中的重要部分。德国人有着强烈的工作责任感，以正确的方式做好该做的事情是德国精神的重要部分。这种精神同样贯穿在整理、安排个人空间，以及处理工作中。

在德国人看来，言行不一，或者说了要做但又马上强调困难的行为都是非常恶劣的。如果德国人说"我会尽全力去做的"，那么就意味着"我会尽一切努力，而且成功的可能性很大"。这种责任感与德国的某种传统思想有关，即对高尚情操的坚守和对高等原则的坚信，我们可以从瓦格纳的歌剧、歌德和席勒的伟大的浪漫主义诗歌中清楚地看到这一点。曾有一位德国员工调到英国公司工作，发现公司给他设定的高额目标后，他有些坐不住了，因为他觉得无论如何努力，也不可能100%完成任务。心急如焚的他找到了经理，而经理的话却让他大吃一惊："您已经做得相当好了，其实能完成60%就已经很不错啦！"

更有趣的是，德国人必须搞清楚如何在规定时间内完成规定的工作量。有人认为德国人会把所有时间都拿来工作。事实并非如此，对于德国人来说，加班加点或者把工作带回家，表明这个人工作效率低或者工作能力差，同时这也是对工作伙伴缺乏信心的标志。德国人认为尽职尽责就是在有偿工作时间内尽可能地努力工作，自觉自律，不浪费每一分每一秒。

德国人尽职尽责的表现中还暗含着一种固有的以大局为重的意识，个人意志必须服从集体利益。德国的社区意识和集体归属感意味着不论是出于个人利益，还是他人利益，个人行为都不得损害集体利益。"己所不欲，勿施于人"就是这个道理。了解德国人的这种理想主义，我们就可以明白为什么德国人的公共秩序意识已深入骨髓。

### 延伸阅读·德国生活

#### 社区家庭周

社区家庭周就可以证明德国人的这种公共秩序意识，特别是巴登-符腾堡最为典型。在这里，住在一个社区的居民通常会轮流值日，打扫楼外的街道，清洁楼内的公共走廊等。很明显，这样会限制他们的自由，但是他们很乐意做这些工作，因为在他们看来这是在为公益事业做贡献，自己也会从中受益。

## 四、工匠精神

**1. 德国工匠精神是"有志者事竟成、苦心人天不负"的坚持**

全德360万企业中，92%由家族经营，规模最大的100家家族企业平均年龄超过90年，200年以上的企业达837家，数量位居全球第二。这些百年老店不盲目求快、不浮不怠，坚持精益求精、久久为功，穷其一代甚至数代打造自身品牌的案例屡见不鲜。他们对所处行业有着特殊情结，即使暂时不景气，也从不轻言放弃。

### 延伸阅读·品牌故事

#### "欲速则不达"——德国的企业家精神

1674年，本杰明·迈世勒（Benjamin Metzler）在法兰克福开办迈世勒公司。1728年，第二代经营者约翰·杰里迈亚斯·迈世勒（Johann Jeremias Metzler）开始经营货币兑换业务。1771年，迈世勒公司第四代传人弗里德里希·迈世勒（Friedrich Metzler）参与经营，在任时期，迈世勒银行开始经营高利润的借贷业务、皇室的融资业务、政府债券，以及股票债券经纪和资金托管业务，金融业成了迈世勒家族的支柱产业。

历经300多年风雨的迈世勒银行，是德国最古老的私人银行之一，至今屹立不倒，其企业信条即为"欲速则不达"，坚持稳健第一、速度第二，不因一时一事动摇初心，注重长期规划，立足时代传承。

### 2. 德国工匠精神是"凝神屏气无言语,两手一心付案牍"的专注

**【其一,企业秉持"术业有专攻"】**

据统计,全德国共有1 500多家特定领域的"隐形冠军"企业,占全球半壁江山,其中86%为机械制造、电气、医药、化工等关键工业企业。这些企业抓准行业"缝隙市场",潜心深耕,以小博大,在各自领域成为"领头羊"。这些企业虽默默无闻,却是超级的利基市场占有者,拥有70%乃至100%的全球市场份额,可谓"大音希声、大象无形"。以伍尔特集团为例,该企业自1945年成立以来专注生产单一产品——螺丝,几十年如一日精雕细琢,终成无可替代的行业翘楚。

**【其二,工匠具有"职人气质"】**

许多德国工匠心中对职业怀有始终如一的热爱,对产品有着止于至善的追求,他们兢兢业业、苦心钻研,力图实现"从99%到99.99%"的完美跨越。

### 3. 德国工匠精神是"不因材贵有寸伪,不为工繁省一刀"的严谨

为保障产品质量,德国建立了一整套完备的行业标准和质量认证体系。自1918年起,德国工业标准化委员会共制定了3.3万个行业标准,其中80%以上为欧洲各国所采纳。在行业标准的基础上,德国又建立起质量管理认证机制,对企业生产流程、产品规格、成品质量等逐一审核,以确保可靠性和安全性,对消费者负责。同时,德国还针对出口产品建立事前管理、事中监控、事后处理程序,出现售后质量问题时,企业不惜一切代价尽快解决。在无比严格的质控下,德国从生产机械、化工、电器设备,到厨房用品、体育用具,乃至一支圆珠笔,都秉持"但求最好,不怕最贵"的原则,严选材料、严格工序、严把质量、严格检验,每一个成品都堪称世界上最过硬的产品。

### 4. 德国工匠精神是"苟日新、日日新、又日新"的创造

德国讲求"匠心",而非"匠气",反对因循守旧、闭门造车,而是孜孜不倦地追求创新。据统计,德国研发经费占国民生产总值的3%,各家族企业研发经费平均高达销售额的4.6%。德国虽非信息技术、基因工程等新兴行业先锋,却能在实际生产领域不断推陈出新,其人均专利申请数量是法国的2倍、英国的5倍、西班牙的18倍,在全球独占鳌头。究其原因,以弗劳恩霍夫协会为代表的数百家应用科研机构填平了技术与市场之间的鸿沟,使工业领域的创新能

迅速抵达终端，惠及整个行业。

德国工匠精神并非完美无瑕，其一以贯之的"慢"原则事实上是一种低风险偏好的运营思维，对已经有的，无限深挖；对新诞生的，保持警惕；对短期利益，兴趣不大。在快速消费时代和互联网浪潮中，这种思维可能使德国被"弯道超车"。而在传统实业领域，德国仍将立于不败之地。

## 延伸阅读·品牌故事

### 对"慢"的极致追求

宝马公司在1916年成立，前身是一家飞机工厂，最初以制造流线型的双翼侦察机闻名于世，1917年7月公司开始重组，正式名为BMW。

1922年，BMW研制了第一台摩托车发动机；1923年年末，他们在慕尼黑生产摩托车；1929年7月，宣布进军汽车制造业。

BMW是全世界最成功和效益最好的豪华汽车品牌之一，2002年，公司成功销售了超过100万辆BMW和MINI品牌的汽车，销售纪录首次突破一百万辆；在摩托车业务上，销量超过9.2万辆，再创销售新高。在全球，BMW集团的员工总数超过10万人。

一贯以高端品牌为本，正是企业成功的基础。BMW集团拥有BMW、MINI和Rolls-Royce（劳斯莱斯）三个品牌。这些品牌占据了从小型车到顶级豪华轿车各个细分市场的高端，使BMW集团成为世界上唯一专注于豪华汽车和摩托车的制造商。

高档意味着"附加值"，宝马身为一个高档品牌，其产品在设计美学、动感和动力性能、技术含量和整体品质等方面具有丰富的产品内涵，因此，这些品牌可以给用户提供切实的附加值。在此基础上，BMW集团期望获得较高的单车利润率，从而继续保持盈利性增长，并确保公司在未来的独立地位。

在宝马汽车公司的一家博物馆中，展出了所有车系的制造参数和说明，许多参观者惊讶于宝马泄露商业机密的"自曝"行为，而宝马给出的答案是：即使其他车厂照着做也做不出来。这种充分自信正来源于"慢"思维造就的品质极限。

[选自《史明德：德国如何打造工匠精神》，中国网（2016年5月31日），有改动]

【想一想】
1. 德国精神中的"井然有序"体现在哪些方面？
2. 与德国人相处，应该注意哪些地方？

# 第二章 德国教育

> 一个国家的繁荣，不取决于她的国库之殷实，不取决于她的城堡之坚固，也不取决于她的公共设施之华丽；而取决于她的公民的文明素养，即在于人民所受的教育、人民的远见卓识和品格的高下。这才是真正的利害所在，真正的力量所在。
>
> ——【美】马丁·路德·金

## 延伸阅读·德国故事

### "普鲁士的胜局早就在小学教师的讲台上决定了"

陈 晋

在德国崛起过程中最有象征意义的事件发生在1871年。那一年，德国成为欧洲名副其实的强国；那一年，德国在普法战争中取得了胜利；那一年，德国实现了几代人梦寐以求的国家统一；那一年，连败三国的普鲁士国王威廉一世在法国的凡尔赛宫镜厅接受加冕，成为德意志皇帝。

德国从1806年被法国打败到1871年打败法国，不过用了65年的时间。指挥普法之战的普鲁士元帅毛奇回顾往事，感慨地说了一句意味深长的话："普鲁士的胜局早就在小学教师的讲台上决定了。"

普鲁士在19世纪中期，便有了普及小学教育的硬性的制度规定。受教育和服兵役一样被视为公民必须躬行的义务。学生们上学几乎是免费的，少量的学杂费可以用实物来支付，如果孩子不上学或无故旷课，家长则必须支付罚金。到19世纪60年代，普鲁士的适龄儿童入学率已经达到97.5%。让人惊异的是，在其偏远乡村一所小学所保存下来的一张1820年讲授自然课使用的挂图上面，便已画上了当时中国人和非洲人生活的场景，甚至还有中国长城的模样。

1903年，一位在德国工作10年的美国商务代办感叹："这个帝国最大的资本是它的智力。"德国从19世纪70年代开始成为第二次工业革命的引领者（另一个引领者是美国）。到1910年，德意志工业总量超越了所有欧洲国家。

[选自《普鲁士的胜局是在"小学讲台上决定的"——国运系于一策》，《领导文萃》（2018年第15期），有改动]

"十年树木、百年树人"，德国之所以能够从二战之后的一片废墟中重新崛起，这与德国完善的教育制度密不可分，尤其是享誉全球的"双元制"职业教育体系，曾被认为是一种完美的职业教育模式，为德国培养了大批高素质的技术人才，促进了德国经济和科技的发展。本章将带领你了解德国教育的全貌，并从中一窥德国教育的精髓和奥妙。

# 第一节 学前教育

学前教育是国民教育体系的重要组成部分，是素质教育的基础，它的质量直接影响着基础教育和国民人文素质的培养，其对于一国的国民素质养成发挥着重要作用。德国的幼儿教育注意从小事入手，如训练孩子不遗失自己的东西、关好水龙头、做事要有耐心等。同时注意培养孩子应对意外事件的能力，包括如何面对独立在家时陌生人敲门、邻家失火、外出时与家人走散等。

德国的幼儿园课堂

## 一、总体情况

德国每年的新生儿约68万，学龄前儿童总数400多万，其中，3至6周岁儿童占半数，几乎全部入园。根据2013年8月生效的学前教育新规，满一周岁的儿童即有法定入园权，德国各州政府原计划为此提供75万个入园名额。据截至2014年3月1日的统计数据显示，全德共有66.2万名3岁以下儿童入园，即已实现半数的1至3周岁儿童入园，但与原先目标尚有差距，德国各州政府在幼儿园扩容方面仍有一定压力。

## 二、德国学前教育的法律基础和指导思想

德国实行联邦制，各联邦州享有独立的教育主权，各州在遵守《基本法》（宪法）和《社会法典》等联邦法律基础上，制定了各自的《教育促进法》。

《儿童和青少年福利法案》中指出，幼儿园要帮助儿童发展成为有责任心、独立自主的个体。幼儿园的责任是支持家庭对儿童的教养，弥补儿童发展中的不足。幼儿园提供的服务范围立足于儿童和家庭的需要，照顾、指导和教育儿童，为儿童提供最佳的发展机会。在教师的支持下，儿童以游戏为基本活动，探索世界，发展自己的能力和技能，同时，幼儿园要帮助儿童做好相应的入学准备。近年来，尤其强调在幼儿园中发展儿童的语言能力。

另外，德国对学前教育的许多方面设定了标准，并由青少年福利部门监督。这些标准包括幼儿园的占地面积、开放时间、入托费用、班级规模、师生比例、室内和户外面积等。德国是一个联邦制的国家，因此各州又会根据各地情况的不同，设定不同的地方标准。以幼儿园师生比为例，巴登-符腾堡州幼儿园的师生比为1∶13；而勃兰登堡州幼儿园的师生比为1∶16，托儿所的师生比为1∶9。

## 三、德国学前教育的举办形式

在德国，3—6岁儿童的教育、社会化和看护主要在幼儿园中进行。从19世纪起，德国的幼儿园大多由非政府组织设立，包括教会、慈善团体、家庭联合会、劳动者福利组织、德国红十字会等，而不属于正式的教育系统。德国义务教育的起始年龄为6岁，基于这项法律规定，德国的学前教育机构大致分为两类。

1. 普通幼儿园

主要招收3—6岁儿童，由于各种原因的限制，德国幼儿园的入园名额不多。因此，《儿童和青少年福利法案》特别指出：所有3—6岁儿童都有权进入幼儿园。

2. 日间托管所

这是专门为放学后没有父母照管的儿童设立的，主要招收12岁以下的儿童。

除了这两类机构外，还有一些州为4个月至6岁的儿童开设了看护所、儿童混龄班，和大龄儿童一起活动。德国学前教育系统还包含了一些其他形式的教育机构，如家庭日托所，被称作"日间母亲"，是一种以开办者的居住处为教养场所的机构，但这些机构的规模通常比较小，在德国也并不普及。

德国的学前教育是非盈利性的，儿童入托费是根据儿童的出勤率、幼儿园人数、家庭人口及家庭经济水平来决定的，以满足不同社会经济地位家庭儿童的需要。

## 四、幼儿园的学习内容和方法

德国非常强调给予儿童充足的空间，使其身心得到舒展。德国的相关规定特别强调，儿童需要有户外运动的机会，并对每日所需的运动时间做出了规定。一些州政府还特别鼓励儿童参加户外课程，而不仅仅是在户外进行自由游戏。

对于幼儿园教育方法的规定，主要基于儿童的兴趣、需要和所处的情境。因此，教师需要观察儿童，引导儿童发展，并定期与家长谈话。

综上所述，德国学前教育有着较为完备的法规和体制，对学前教育的性质、职责归属、质量等各方面进行规定，因而从法律的角度保障了教育活动的顺利开展。通过立法对幼儿园实践活动的各个层面做出相应的规定，使得法律有了更强的操作意义。另外，由于德国是联邦制国家，因此各州能根据自身的情况，设定适合本地区的法律规章。从德国学前教育的立法实践来看，各项法案的出台与解决学前教育存在的实际问题密切相关，这使法案呈现出较强的执行力。

【想一想】
1. 德国义务教育的年龄是几岁？
2. 德国学前教育机构有哪些？

## 第二节 小学教育

德国基础教育层级的学校为小学，凡是在当年 6 月 30 日前满 6 岁的儿童皆须进入小学就读，此为义务性教育，不可拒绝。经过改革，合并后的德国形成了各州基本相同的学制。在大部分的州里，小学为四年制，只有柏林州与勃兰登堡州为六年。

### 一、小学教育的目的和定位

作为介于幼儿园和中学之间的教育阶段，德国小学教育的一个首要任务是逐步引导孩子从幼儿园阶段的游戏式学习转向系统式学习。除了传授阅读、书写、计算等基本的文化技能及完成促进学生全面发展的任务之外，德国小学教育的任务还包括保持和呵护"孩子们对所生活的这个世界的好奇心和学习的乐趣"。为此，德国小学保持慢节奏的教学，跟着儿童认知能力的发展循序渐进。

德国小学生

小学在一、二年级的教学仍带有游戏和互动的特征，没有正式的评分，更没有排名。每学期期末，教师会为每位学生出具详细的学习发展报告，指出其优点、进步之处及需要加强和改善的地方。从三年级开始（有些州从二年级下学期开始），教师才会给学生打分。评分采用等级式分数，通常包括从优秀到不及格五个等级。成绩不会公开，学生不会因此有很大的学习和竞争压力。

## 二、课程设置

正式列入德国基础学校的课程有：德语和常识、数学、宗教、自然常识、音乐、体育、艺术和劳作等。在1—2年级，一些学科进行合科教学，而且教师越来越喜欢在一堂课上分别教2门学科，如教25分钟数学，再教20分钟音乐。此外，还有根据学生学习的不同进度而设置的辅导课。各门课程每周的课时因年级而异，一般在19—25节之间。

德国小学教育的课程设置，除语言、数学基础课程的设置外，充分涉及艺术素养、环保意识等方面的启蒙。这对保持学生的身心健康及提高儿童成人后的各方面素质都具有积极影响。例如德国的传统课程——艺术和编织课，课程内容有图画、剪纸、拼凑玩具和手工劳作等。这些活动带给儿童快乐，启发儿童的创造力，培养儿童动手能力。使他们学会美化环境，爱护环境，并提高了审美能力。

## 三、课业安排

德国基础学校的教学单位是班，每班学生数为20人左右，最多不超过25人。这种班级规模比较适合教学，便于教师了解学生。各州允许教师灵活掌握上课时间，有一堂课上2门学科的，有讲课和学生活动时间各占比例的：如1—2年级教师讲课时间占一节课时间的2/3，其余1/3为学生活动时间；3—4年级教师讲课时间占1/2，其余为学生活动时间。课时一般安排在上午7点半上课，下午1点放学，之后，学生可以参加各种课外活动。为减轻儿童的学习负担，各州都在《学校法》中规定学生的家庭作业量。1—2年级作业不得超过半小时，3—4年级作业不得超过1小时。有些州还规定儿童的书包重量不得超过体重的1/12—1/10。一般学科平时没有作业，只有课堂练习，练习答案当堂核对，不评分，只打记号，或画上一个五角星、一朵小花。学生多以获得五角星和小花而自豪，乐意让别人观看。德语、数学、常识三门主科每学期有2—3次作业，作业卷要评分并存档，以便家长查阅。

调查显示，德国多数孩子（76%）每天写作业的时间确实低于 1 小时。因为学习负担不重，德国小学生普遍喜欢去上学。根据联合国儿童基金会（UNICEF）与柏林一家杂志（*Geolino*）2014 年发布的调查报告，近 90% 接受调查的 6—14 岁德国学生表示喜欢去上学。

德国的小学课堂

### 延伸阅读·德国理念

#### "轻松"的德国教育
#### 孙 进

德国作为经济发达国家，教育从小学到大学都是免费的，政府还会向有需要的家庭提供教育补助金，所以，私人家庭在教育上的经费负担不重。德国孩子在整个受教育期间（从小学到高中毕业）的花费平均为 20 700 欧元，还不到德国家庭一年的平均年收入（37 103 欧元）。家庭教育投入少，父母期待回报的压力也小，孩子也少了这方面的心理负担，生活得都比较轻松。这当然要归功于德国政府的教育担当。德国教育投入（2016 年）占国内生产总值的 6.4%，总额高达 2 001 亿欧元。政府承担了超过五分之四的教育投入，在中小学领域，政府承担的比例更是高达 87%。另外五分之一，由机构、企业、非营利性组织和家庭分担。因此，德国人的生存和竞争的压力不是很大，加上有法律保障的权利，父母也就不会将未来生活的压力传导至对孩子乃至学校的教育期待和要求上。

小学教育的从容与淡定得益于德国理性的社会环境和舆论导向。德国社会少有攀比，国民性格偏向于务实，讲究循序渐进，能够静下心来做事情。教育问题在德国不是整个社会关注的焦点。媒体上很少有宣传课外补习的教育广告，也很少有制造紧张和竞争气氛的文章。媒体更多是向德国父母传递科学的、健康的育儿观念，包括批判过度关注和保护儿童的"直升机父母"及过于挑剔孩子分数的父母，让父母们知道课外补习和家庭作业对于大多数孩子起不到改善成绩的作用，让他们不要盲目行事。

值得注意的是，这种"轻松"的教育不仅让德国孩子的心理更为健康，而且也没让他们日后因此而在知识和能力获取方面居于劣势，更没有妨碍社会经济与科技的发展。德国学生在阅读方面的成绩高于中国学生，在自然科学和数学方面的得分低于中国学生。不过，若是以学生投入的学习时间和最终的学习成绩之比（学习效率）来衡量，德国学生的表现仅次于排名第一的芬兰，远好于中国学生（排名倒数十四）。作为世界上最具竞争力和创新力的国家，德国教育虽然在本国也常受到批评，但无疑成功地为社会经济与科技发展培养了所需的各层次人才。德国的经验表明，轻松的教育一样可以造就社会所需要的合格人才，成就幸福的人生。

[选自《德国的小学教育缘何从容淡定》，光明日报（2019年2月21日），有改动]

【想一想】

1. 德国小学教育多为四年制，哪两个州是例外？
2. 德国小学教育的任务是什么？

## 第三节 中学教育

德国中学教育分为两个层次，第一级初阶含有主体中学（职业预科）（Hauptschule）、实科中学（Realschule）、文理中学（Gymnasium）和综合学校（Gesamtschule）。第二级进阶也可称为高级阶段（Oberstufe），其中主要包含职业教育体系的双元制度及文理中学的高年级。德国的初中教育从5年级开始分流，学生进入不同层次的学校进行学习。

### 一、第一阶段

成绩较好的学生通常选择文理中学就读，为期约9年，这是进入高等教育必经之路。文理中学的结业文凭（Abitur）在各个联邦州通用，文理中学高级部具有大学预科的性质。其必修与选修课程分成基础课程（Grundkurs）及专长课程（Leistungskurs）两类，必修课程分为语言、文学、艺术、社会科学、数理与科技、宗教、体育等，选修课程通常即大学各学科的基础课程或入门课程。学生必须修两门以上的专长课程，其中一科必须为语文、数学或自然科学。高中会考共考四门学科，包括必修的两门专长课程另加两门基础课程。此外，为扩充选修课程的范围与深度，也加入心理学、法学、社会学、经济学等课程。

成绩次好的学生常常会进入实科中学，学程5—6年。实科中学是仿效普鲁士的中学而建立的，应高一级的职业教育需求而生，而且实科中学也一直是德国教育体系中的典范，具有良好的教育成效。其成功主要归功于两方面：一方面实科中学的教学内容重视德国转型成第三产业社会的背景；另一方面由此毕业的学生可获得中级文凭，并具有许多后续发展的选择，既可以选择较高等的职业来发展，也可以继续升学，例如进入职业导向的文理中学，往高等教育体制迈进。所以实科中学是德国教育体制中发展较成功的学校类型。

成绩再次的学生则就读五年制的职业预科，学生所学的课程内容较简单，课程有宗教学、德语、地理、历史、音乐、工艺、经济学、英文、数学、理化、生物及体育，毕业生多继续进入双元职业教育体系（Duales Ausbildungssystem），完成学徒训练，并以从事手工业、制造业为主。德国学生并不全都愿意读大学，因为德国有工龄工资的说法，很多中学生，早早毕业读职业学校，学一点很实用的东西，早日进入社会工作，可能几年后跟刚刚大学毕业出来的大学生的工资和发展前途一样。职业学校的学生走出校门也不一定就会受人轻视，只要有技术、动手能力强，一样可以生活得很好。而德国大学生可能因为缺少社会实践能力，却不一定能找到好工作。

此外，有些州设立综合学校（Gesamtschule），综合学校是上述三种传统学校类型的组合，通常包括5或7—10年级，有些综合学校也开设高中部，类似于文理中学的高中部。综合学校实施因材施教的原则，学生可以根据各自的能力选择有较高要求的或较简单的课程，教学大纲也包括职业教育方面的课程。所有的联邦州都承认综合学校的毕业资质。近年来，综合学校以其教育组织的灵活性深受学生和家长的欢迎，成为德国学校教育体制中除文理中学以外的第二大支柱。

## 二、第二阶段

### 1. 文理中学高年级

从第11年级开始进入文理中学的高年级阶段，依据各州的不同规定，为2至3年的时间。在这个阶段，授课方式采取课程制（Kurssystem），也就是学生可以依据其喜好与发展方向自由选择学习课程与重点科目，以此作为进入大学的准备。文理中学与综合学校的高年级学生均具有相同的资格条件进行高中的毕业考试。除此之外，因为愈来愈多文理中学毕业生选择进入职场工作或是继续接受职业教育，所以许多文理中学也针对新兴职业或热门工作的需求，对教学科目进行了改革，缩短学生在校学习的年限。

### 2. 职业学校

德国职业教育的类型，依据不同专业的需求有不同的新发展。德国义务教育的年限是到18岁，因此为了符合工作领域上的各项专业及强制学习年龄的要求，德国有许多针对不同的情况所设立的学校，例如：职业学校（Berufsschule）、职业专门学校（Berufsfachschule）、专科学校（Fachschule）等。

除此之外，文理中学也顺应社会需求增加了各种相关的职业教育，例如，以科技教育为主的高中（Technisches Gymnasium）、以经济领域教育为主的高中（Wirtschaftsgymnasium），还有高级专业学校（Berufsoberschule）等，由此毕业的高中生可以领取高中毕业文凭（Hochschulreife）。

## 延伸阅读·教育选择

### 高考不是唯一的救命稻草

#### 一、升学决定权和教育观念

小学毕业后，德国的学生会升入几类不同的中学，如主体中学、实科中学、综合中学和文理中学。这其中，文理中学是声望最好的一类中学，直接通向大学；主体中学则是声望最低的学校，直接通向职业教育。小学升初中，是德国孩子人生中一个重要的过渡。学校和教师会向每个学生提出上哪一类中学的建议，但是最终的决定权掌握在德国父母手里。这在德国被称作"父母的教育权高于学校教育权"。尽管绝大多数父母会听从教师的建议，但是，如果父母愿意，他们也可以不管教师的建议，将孩子送入自己想去的学校。拥有升学的决定权，德国父母便少了引起焦虑的一个诱因。此外，德国父母对于孩子的期待和不少东亚国家的父母不同。与不少望子成龙的东亚父母相比，德国父母可能只是希望孩子能做好自己就行了。他们似乎记住了当代欧洲著名的儿科教授和儿童教育专家雷默·拉尔戈的劝诫："孩子来到这个世界，并不是为了满足父母的期待。"或者听从了歌德的建议："如果孩子们能够按照自己的本来面目成长的话，我们就会拥有绝对天才。"与此相应，德国父母更多的是根据孩子的能力和兴趣来选择适合孩子的教育道路，而不是像许多望子成龙的父母那样，为了走上特定的教育道路而不惜以高标准、严要求塑造和改造自己的孩子。这也是德国父母能淡定与从容的一个原因。

#### 二、贯通性与均衡性

德国没有"高考"这一压力源，在小学毕业后便对学生进行分流，近一半的学生在中学毕业后进入了职业教育体系，没有出现类似中国这种千军万马挤高考独木桥的情况。学生在小学毕业后会升入不同类型的中学。不过，不同类型的学校之间存在贯通性：一方面学生可以根据自己的学习成绩在不同类型的学校之间转学；另一方面，同一学校会提供获取不同类型毕业证书的可能，供学生选择。因此，在德国教育系统中，学生向上或向下的流动通道都是畅通的。上什么学校虽然重要，但是还没有重要到决定一切的地步。即便学生在小学毕业后进入主体中学，接受了职业教育，也仍然有上大学的机会和可能，并不会因此而进入一个死胡同。

另外，德国学校具有发展均衡的特点。政府对不同类型的学校和同一类型内部的学校在教育资源配置上不会厚此薄彼,德国没有重点学校或重点班。《基本法》要求各州在联邦境内为居民"创设同等的生活条件"。不管人们在哪个地方生活,政府都有义务为其提供同等的基础设施、教育机会和条件。这种均衡性和贯通性让德国父母和学生可以更多地根据自己的能力和兴趣做出适合自己的选择。

德国经济发达、社会稳定,这使得在德国的大环境下不一定非要"出人头地"才能过上好生活。保障教育公平是德国《基本法》的明确要求:"没有任何人可以因为其性别、出身、种族、语言、国籍、信仰、宗教或政治观点,而受到歧视或优先对待。"在教育选择和决定方面,德国各州的立法者要求学校尊重学生及其父母的需要。例如,北威州的《学校法》规定:"年轻人的能力和兴趣及父母的意愿决定学生的教育之路。学校教育的大门对于每一个学生来说都依据其学习的意愿和能力保持开放。"德国巴登-符腾堡州的《学校法》也保证学生"有权获得与其天赋相符合的教育,不论其家庭出身和经济状况如何",同时要求学校要"尊重父母参与决定孩子教育的权利"。

【想一想】
1. 德国中学的种类有哪些?
2. 谈谈你对德国中学分流教育的看法。

## 第四节　双元制职业教育

德国是第二次世界大战战败国，曾在战争中遭受巨大损失，如今它却成为全球经济强国。其中奥秘，德国前总理科尔曾予以解答："发达的职业教育是德国战后崛起的关键。"当中，德国人创造的学校教育与企业培训相结合的双元制职业教育更是核心动力。德国企业竞争力建立在双元制培养的专业人才基础上，他们使德国构建现代工业体系成为现实。

德国每年有近六成18岁青年接受以双元制为核心的职业教育培训，拥有职业劳动力证书的人在德国全部劳动力中占八成。这支队伍为占德国工业总产值80%的制造业提供了有力的人才支撑，为德国经济崛起提供了源源不断的人力资源保障，是德国经济飞速发展的"秘密武器"。

双元的"一元"是企业，另"一元"是职业学校。双元制把传统"学徒"培训与现代职业教育结合在一起，创造了一种企业与学校合作办学的职业教育模式。在具体操作过程中，学生与企业签订教育合同，学生在企业以"学徒"身份、在职业学校则以"学生"身份接受系统的职业教育。

学生按照"双元制"模式开启职业培训，主要分为以下几个步骤：

### 1. 订立职业教育合同

学生与教育企业签订教育合同，开始在双元制职业教育体系中，进行与工作实践相结合的学习。教育合同由行业协会提供，并在行业协会登记，合同内容包括：

- 学习年限
- 学习起止时间
- 试用期
- 假期
- 学习内容
- 生活津贴

- 合同终止

### 2. 与工作实践相结合的职业教育

双元制的最大特点就是2个学习站点（形成"双元"）相互协调，共同完成每一项职业教育计划。双元制职业教育的学习年限大约在2—3.5年，其中70%的时间在企业学习，30%的时间在职业学校学习。

教育企业按照职业培训条例中确定的教育标准（最低标准）开展教学。学徒在工作场所承担任务，在与工作实践相结合的学习过程中为企业创造效益。职业学校按照框架教学大纲中学习领域要求，制定相应的课程，其中2/3为专业课程，1/3为普通文化课程。

### 3. 组织考试

学徒的毕业考试既不是由职业学校，也不是由教育企业完成，而是由行业协会组建的考试委员会负责具体实施。考试委员会的成员一般包括企业代表、行业协会代表和职业学校老师等。学徒通过毕业考试后获得由行业协会颁发的职业资格证书，该证书在全国甚至整个欧盟都受到承认。

### 4. 开启职业生涯

接受双元制职业教育并毕业的学徒，在毕业后有多种发展途径：

【其一，进入劳动力市场，开启职业生涯】

这包括：

- 与所在企业签订劳动合同
- 与新的企业签订劳动合同，从事与所学专业相符的工作
- 与企业签订劳动合同，从事与所学专业不同的工作

【其二，继续接受教育】

学徒在双元制职业教育结束后也可选择继续接受教育，学徒可选择相应的学校继续学习，达到高等教育入学要求后可进入大学进行学习。

正是在企业、政府、学校和社会的积极努力下，德国的职业教育才能成为德国经济的"助推器"，并引领世界职业教育潮流。

德国是当今世界上名列前茅的经济强国。从百余年的现代化发展历程来看：德国曾多次遭到战争的严重破坏，但它几经沉浮，无论所受到的阻力和困难有多大，都能迅速东山再起，跃居世界经济的顶层。德国经济发展的根本原因是

崇尚"工匠精神"的职业教育。

职业教育在德国战后迅速恢复、国民经济高速发展的过程中所做出的巨大贡献是世人所公认的，因此职业教育被誉为创造德国"经济奇迹"的"秘密武器"，而在德国的职业教育体系中，又以作为主体与核心的"双元制"模式最具特色。

所谓"双元制"，是一种由培训企业和职业学校双方在国家法律制度的保障下，分工培养技术工人的职业培训体系。学生培训的主要内容在企业进行，学校只起到辅助作用。学生需先与企业签订合同成为"学徒"，之后凭借与企业签订的合同申请职业学校，入校学习。

数据显示德国毕业学生占相应学龄人口的86%，其中25%选择了普通教育，61%选择职业教育。这两者的比率约为29∶71。也就是说100名中学毕业生有71人选择了成为技术工人。职业教育为德国经济建设输送了源源不断的具有初、中级技术素质的合格工人，是德国工业的软基础。

德国职业教育涵盖300多个职业岗位，本着在社会中磨炼、实践中成长的原则，和培育精益求精的工匠精神的目的，为德国各行各业输送了大量专业人士。他们如同分散在德国社会各处的"零件"，组合成德国经济发展的"秘密武器"，打造出一个又一个"世界一流"。德国的高质量技工来自双元制职业教育培养的学徒，而德国的职业教育还有高级继续教育阶段，即德国技师的培养阶段，正是这两个教育阶段的组合为德国培养了大量优质技术人员。

德国社会中不乏出身学徒但大有作为的实例：德国前总理施罗德14岁时做过售货员学徒；"汽车之父"戈特利布·戴姆勒出身于一个面包师家庭，中学毕业后曾在军械领域做学徒；罗伯特·博世公司的创始人罗伯特·博世创业时只有20岁出头，做过几年学徒，没有大学学历，而博世本人深知培养学徒的重要性，于1913年创建了学徒班。

### 延伸阅读·德国故事

#### 学徒托马斯的选择

在德国舍弗勒公司总部培训中心培训期间，带着对德国职业教育体系的好奇，笔者有幸与一名叫托马斯的学徒交谈起来。托马斯学的是机电一体化，通过他的介绍，一幅生动的德国职业教育画面展现在笔者的眼前。托马斯来自德国的实科中学，其中学毕业成绩达到了2.6（德国分数是5分制，1分为优秀，4分为及格，5分为不及格），如果他愿意，完全可以继续学习，最终上大学。他对我说选择职业教育的原因有三：1. 从小就特别喜欢动手，特别是拆装一些小东西，家人也鼓励他这样做；2. 他的父亲和叔叔都在舍弗勒公司工作，而且他们的待遇和工作环境都很不错，正是在家人的建议下他选择了双元职业教育；3. 公司在学徒培训期间就发放补贴，按每月900—1 100欧元的标准，逐年递增。这样的工资收入足以支撑他每个月的开销。正是在这样多重因素的影响下，托马斯最终做出了这样的选择，他说，他从来不认为只有上大学才是唯一的出路。托马斯自豪地告诉我，他是从100多名报名者中脱颖而出的，公司最终只选择了10人，他就是其中之一。

【想一想】

1. 德国双元制职业教育被誉为德国战后经济腾飞的"秘密武器"，你认为德国双元制的最大特点是什么？

2. 双元制中的"双元"分别指的是什么？

## 第五节　大学教育

### 一、概况

德国的高等教育机构大概囊括了 340 所高等学校（Hochschulen），其中大部分是公立，大约有 160 所大学、神学院、教育学院及艺术学院，每年约有 3/4 的大学生都是集中在这里学习；其余的学生则分属于应用技术大学（Fachhochschule）、双元制大学（Duale Hochschule）等相关领域。

综合性大学，通常称为 Universität，以教学和科研为主。这类学校可授予 Diplom, Magister Artium 及 Doctor 学位。应用技术大学，通常称为 Fachhochschule，以培养应用型人才为主，学生经 4—5 年的专业学习，可取得高等专业学院毕业文凭（Diplom FH）。德国大学教学语言主要是德语，一些院校近年也逐步开设英语教学的国际课程。外国学生入学通常都被要求通过大学入学德语语言考试（DSH）或德福考试（Test Daf）。德国大学每学年两个学期，分别是 10 月至第二年 2 月和 4 月至 7 月。

进入高等教育体系的门槛主要是高中毕业考 Abitur，而依据各学系的要求，学生所应具备的条件也有所差异；攻读学位也必须依照学习的发展与考试制度来完成。

### 二、精英大学

德国精英大学，源自德国大学卓越计划，该计划是德国联邦教育及研究部和德国科学基金会发起的，旨在促进德国大学科技研究和学术创新。计划包括资助特定的杰出大学，资助在特定大学的杰出年轻科研人员的研究；加强大学项目间的合作；加强德国大学和国际学术机构的合作研究。

德国精英大学非终身制，施行五年一轮滚动制评选。2012 年至 2017 年"精英大学"共 11 所，理工类 3 所（慕尼黑工业大学、德累斯顿工业大学、亚琛工业大学），文理类8所（海德堡大学、柏林自由大学、柏林洪堡大学、慕尼黑大学、蒂宾根大学、康斯坦茨大学、科隆大学、不来梅大学），可以获得合计27亿欧元资助。哥廷根大学、弗莱堡大学和卡尔斯鲁厄理工学院三所被淘汰。（表2-1）

表2-1 德国精英大学列表

| 精英成员 | 高校性质 | 是否博士授予权 | 成立时间/年 | 学生人数/人 | 入选落选 |
| --- | --- | --- | --- | --- | --- |
| 慕尼黑大学 | 国立 | 是 | 1472 | 44 000 | 2006年入选/2012年再次入选 |
| 慕尼黑工业大学 | 国立 | 是 | 1868 | 32 000 | 2006年入选/2012年再次入选 |
| 亚琛工业大学 | 国立 | 是 | 1870 | 37 917 | 2007年入选/2012年再次入选 |
| 柏林自由大学 | 国立 | 是 | 1948 | 28 500 | 2007年入选/2012年再次入选 |
| 海德堡大学 | 国立 | 是 | 1386 | 26 500 | 2007年入选/2012年再次入选 |
| 康斯坦茨大学 | 国立 | 是 | 1966 | 10 076 | 2007年入选/2012年再次入选 |
| 德累斯顿工业大学 | 国立 | 是 | 1828 | 36 592 | 2012年入选 |
| 柏林洪堡大学 | 国立 | 是 | 1810 | 34 072 | 2012年入选 |
| 蒂宾根大学 | 国立 | 是 | 1477 | 23 500 | 2012年入选 |
| 科隆大学 | 国立 | 是 | 1388 | 44 282 | 2012年入选 |
| 不来梅大学 | 国立 | 是 | 1971 | 18 000 | 2012年入选 |
| 卡尔斯鲁厄理工学院 | 国立 | 是 | 1825 | 23 905 | 2006年入选/2012年被淘汰 |
| 弗莱堡大学 | 国立 | 是 | 1457 | 20 500 | 2007年入选/2012年被淘汰 |
| 哥廷根大学 | 国立 | 是 | 1734 | 25 460 | 2007年入选/2012年被淘汰 |

## 延伸阅读·德国故事

### "德国现代大学之父"——威廉·冯·洪堡

田 园

说起威廉·冯·洪堡这个人，或许知者不多，但是他创办的洪堡大学（又名柏林大学）却声名显赫。从这座名校走出的名人可谓群星璀璨：黑格尔、马克思、费尔巴哈、爱因斯坦、海涅等耳熟能详的大师级巨擘都曾在洪堡大学留下学术足迹。除此之外，作为普鲁士教育大臣的洪堡还实施了奠定德意志复兴基础的高等教育改革，其提出的"现代大学应当是以知识学术为目的，培养全面型人才"的理念影响至今。

柏林大学内洪堡的雕像

### 一、创办柏林大学　培养璀璨大师

教育家、思想家威廉·冯·洪堡的胞弟亚历山大·冯·洪堡，是一名著名的科学家，俩人都是洪堡大学的重要创始人。两兄弟成长时期的普鲁士面临内忧外患，先后经历了神圣罗马帝国的解体、普鲁士的惨败和1806年法国占领柏林。普鲁士王国民生凋敝和任人宰割的局面催生了兄弟俩改革祖国教育体制的想法。

威廉·冯·洪堡于1806年秋写信给当时普鲁士的外交部部长说："我从未追求功名，始终对我居住的、我所热爱的国家感到满足，却对自己的无所作为和不能为受威胁的祖国尽力而感到惭愧。"洪堡提出，一个国家只有通过教育普及智慧、美德、礼仪和知识，才能使这个社会的内在价值提高。于是，1809年受当时普鲁士内务部部长所托，洪堡从外交官调任为普鲁士王国内政部文化及教育司司长，掌管普鲁士所有的教育文化事务，并决心说服王国上层，在全社会范围普及终身学习的高等教育，并建立一所由国家资助、男女合校的高等学府，为疲软的普鲁士王国培养复兴的人才。

当时，洪堡在普鲁士王国上下奔走、力排众议，呼吁走科教兴国之路。他的诤言令原本无所作为的普鲁士国王威廉三世警醒，国王遂接受他的建议，决定超常规猛增教育经费，筹建一所重点大学，并决定每年为该校拨款15万塔勒。为此，威廉三世甚至不惜将豪华的王宫——海因利希宫贡献出来作为校舍。受洪堡影响，这位名不见经传的国王提出了他平生最英明的观点："我们必须以精神来弥补国力的不足。穷则思变，必须大兴教育，以此来挽救国家，使德意志民族重新崛起。"起初学校以国王的名字——弗里德里希·威廉命名，后改称"柏林大学"，但民众却喜欢以创始人之名叫它"洪堡大学"。

洪堡大学的创办宗旨是以学术自由与教研结合为圭臬，打造国际一流的高等学府，培育全球最杰出的高端人才。洪堡提出，大学兼有双重任务：一是个性和道德修养的培养，二是对科学的探求。为此，学校请德才兼备的哲学家费希特出任首位校长，1830年则由大名鼎鼎的黑格尔继任校长。当时的洪堡大学不惜高薪聘请知名教授，却只用小钱去搞硬件建设。据悉，该校一名教授的平均年薪是1 500塔勒，而当时柏林一个熟练工匠全家年消费仅为150塔勒，一个中产阶级家庭年消费为750塔勒。就是说，一位洪堡教授的工资足以养活十户工匠之家或两个中产阶级家庭。与此同时，该校的研究经费比工资支出还多一倍。

此后，外表并不起眼的洪堡大学果然不负众望，吸引和培养了无数精英人物，在相当漫长的时期内成为世界学术的中心，并使柏林成为当时欧洲重要的文化中心之一。洪堡大学的校训引用的是在该校就读过的学生卡尔·马克思的名言："哲学家们只是用不同的方式解释世界，而问题在于改变世界。"即将理论上升为实践，这一升华无论在哲学史、教育史还是社会意义上，都堪称千古真理。如今，这句名言仍然被镌刻在洪堡大学一进门的大厅里，激励着无数学生和教职人员。

洪堡大学大厅内镌刻着校友卡尔·马克思的名言："哲学家们只是用不同的方式解释世界，而问题在于改变世界。"

洪堡大学的建立对后来德国的统一和崛起影响至深，它标志着普鲁士政府把教育改革当作国家崛起的一种手段。1871年，俾斯麦统一德国，德国开始了自己的强国之路。许多知名学者、政治家都在洪堡大学留下了忙碌的身影，这里曾涌现出了叔本华、格林兄弟、爱因斯坦等名人，留下了马克思、恩格斯、海涅、费尔巴哈等大师的足迹，它还产生过29位诺贝尔奖得主，如今这些人的画像陈列在洪堡大学二层走廊内。

洪堡大学主楼二楼走廊上的诺贝尔奖得主照片

**二、实施教育改革　助力复兴之路**

与创办柏林大学同步进行的，是洪堡主导的普鲁士义务教育制度的改革：1809年2月，洪堡掌管普鲁士所有的教育文化事务，在短暂的任期内，洪堡重新改革了普鲁士引以为傲的义务教育制度，让所有阶层的子女都有相同的机会接受教育。

在洪堡看来，理想的中学首先应当是人文中学，是为大学学业做准备，为此他倡导学生学习古语言以修养思想。此外，洪堡和他的同事留下来的长久的改革措施还包括：1810年引入的教师考试，中学教师必须掌握古语言、历史和数学；1812年引入统一的中学毕业考试（不过到1834年才完全执行）；1816年引入了十年制中学教程。这些改革措施和制度许多仍沿用至今。

洪堡大学聘请了弗里德里希·施莱尔马赫、弗里德里希·卡尔·冯·萨维尼、费希特、尼布尔等有名的学者作为教师，明确规定大学的任务是双重的：除了教学外还有研究的任务，学生和教师直接参加研究工作，而且在教学和研究上拥有比较大的自主性，国家对于大学的束缚比较小。洪堡提出，现代化的学校不仅要完成教学任务，更要以学术成就和科研能力作为判断教师能力的标准，国家行政不要干涉教育和学术活动。这些原则被欧美许多高校借鉴，这也奠定了洪堡兄弟在世界教育史上卓尔不凡的地位。

当时的普鲁士国王威廉三世是洪堡坚定的支持者,威廉三世曾对从拿破仑占领下的哈勒大学逃出来的教授们讲道:"这个国家必须用精神上的力量来弥补物质上的损失。正是因为贫穷,所以要办教育。我还从未听说过一个国家因为办教育而办穷、办亡国的。教育不仅不会使国家贫穷,恰恰相反,教育是摆脱贫困的最好手段!"

### 三、重新定义大学功能　开启教育新时代

德国的高等教育改革卓有成效,科学研究第一次成为大学职能,洪堡的办学思想和洪堡大学的改革成为近代大学的典范,它和法国近代高等教育模式共同构成欧洲近代高等教育两大模式。威廉·冯·洪堡本人也被称作"现代教育之父",因为他对大学的功能进行了新的定义。

传统大学的功能是"教",即传授知识。但洪堡认为,教育除了是"全面的"之外,还必须是"纯粹的",即大学教育不能以眼前的暂时利益为目标,而应把追求真理当作最终目的。洪堡极其重视科学研究在大学中的核心地位,提出"教研合一"的主张。大学教师的科研工作是其教学的中心。只有一个在科研方面卓有成效的优秀学者,才会是最好的教师;教师只有实行"教研合一"的教学方式,才能培养为科学献身的精神。而这种精神的传播和升华,则必须要落实学术自由。

[选自《现代教育之父洪堡的前世今生》,《光明日报》(2017年5月17日),有改动]

---

【想一想】

1. 试着自己查阅、搜集资料,谈一谈德国综合性大学(Universität)和应用技术大学(Fachhochschule)的区别?

2. 威廉·冯·洪堡被誉为"德国现代大学之父",他的核心教育思想是什么?

# 第三章　德国制造

你最熟悉的德国产品是什么？是在运动领域名声斐然的"阿迪达斯"？还是汽车行业的领军品牌"宝马""奔驰"？不论你脑海中跳出的第一件德国产品是什么，伴随着这些产品同时出现的，一定是精致、耐用、品质等关键词，这都得益于"德国制造"在世界上的良好声誉。然而，你或许不知道，口碑如此之好的德国产品，曾一度是"山寨品牌"的代言人，精致巧妙的德国设计，也一度在工业革命的浪潮中落于人后。那么，德国人经历了怎样的历史进程，才扭转了德国制造的"坏口碑"？他们提出的"工业4.0（Industry 4.0）"时代究竟是一个怎样的时代？让我们带着这些问题，一起进入本章的学习。

# 第一节　工业革命浪潮中的"德国制造"

当我们谈论"德国制造"时，精致、持久、实用等词汇不可避免地成为探讨的核心内容。我们惊叹于德国产品在工艺技术上的巧夺天工，一次又一次被德国人的"工匠精神"所折服。可是，"德国制造"曾经却是带有侮辱性的符号。进入工业化之后，德国经历过一个"山寨阶段"：向英、法学习，学人家的技术，仿造人家的产品。在那个年代，"德国制造"绝不是品质的代名词，甚至被德国的欧洲邻居们嗤之以鼻。

德国制造

### 延伸阅读·德国故事

#### 德国制造缘起"山寨"

1887 年 8 月 23 日，英国通过对《商标法》的修改，要求所有进入英国本土和殖民地市场的德国产品必须注明"德国制造"，这一行为并不是因为德国产品拥有超绝的品质，恰恰相反，这是以歧视的眼光区别对待德国产品。究其原因，我们不难发现，德国进入工业化时代之初，大学的科学研究是与生产领域完全脱节的。尽管那时"世界科学中心"在德国，但是美国人很聪明，他们在德国拿到学位回国后，不是一味地跑到大专院校里做研究工作，而是进入市场去办企业。直到 19 世纪 90 年代初，德国科学家来到美国一看，他们惊奇地发现美国工业品的科技含金量之高超乎想象，这才明确提出"理论与实践相结合"的方针，并开始大力促进应用科学的发展。基础科学的雄厚根基让德国很快就建立起科学理论与工业实践之间的联系，从而在半个世纪时间里将世界一流的科学家队伍、工程师队伍和技术工人队伍结合在一起，领导了"内燃机和电气化革命"，使德国工业经济获得了跳跃式的发展，"德国制造"这才逐渐摆脱"山寨"的恶名。

［选自《德国不相信物美价廉》，《发明与创新》（2016 年第 3 期），有改动］

那么，我们不免发出疑问，"德国制造"是如何走上世界工业制造的神坛的？我们可否从"德国制造"的历史渊源中寻找端倪？其实，当我们拨开历史云雾的时候，我们将对"德国制造"有更深的了解。（表3-1）

表3-1 "德国制造"的发展"大事件"

| 年 份 | 事 件 |
|---|---|
| 1871 | 德国统一后，百废待举，经济需要腾飞。 |
| 1887 | 英国议会通过了《商标法》条款，"德国制造"成为一个法律新词，成为假冒伪劣的代名词。 |
| 1907 | 德国电气总公司（AEG）与美国通用电气达成瓜分世界市场的协议，德国出现了世界市场的寡头。 |
| 1918 | 德国工业标准化委员会制定发布了第一个德国工业标准（"锥形销"），这些标准成为德国产品的品质保证。 |
| 1969 | 德国通过并颁布《职业教育法》，首次以法律形式对职业教育做出了全面的规定。 |
| 1970 | 全球经济滞胀，德国政府倾力支持中小企业。 |
| 1986 | 专家提出"隐形冠军"一词，认为德国的成功不能简单地归功于大公司，而应该归因于众多的中小公司。 |
| 2000 | 美国、英国等制造大国"去制造业化"，但德国却加强了制造业的地位。 |
| 2008 | 金融危机过后，德国一枝独秀。 |
| 2011 | 德国联邦教研部与联邦经济技术部在德国汉诺威工业博览会上提出了"工业4.0"的概念，这一概念在欧洲乃至全球工业领域都引起了极大的关注和认同。 |

## 一、迟到的第一次工业革命

与世界上大多数工业强国相同，德国工业起步于第一次工业革命的浪潮之中，只不过，这股浪潮在德国的掀起，比开创者英国整整晚了70个年头。当18世纪60年代的英国开始尝试用机器的力量替代人工做更多事情的时候，德国还在封建制度的泥淖中止步不前。直到19世纪30年代，英国完成了第一次工业革命，德国才幡然醒悟，迎接第一次工业革命的洗礼，迟滞而缓慢地开始了工业化的步伐。

1. 要想富，先修路

白手起家并不容易，好在英国人提供了绝佳的范本，立足于良好的学习能力，德国的工业革命与大多数国家一样，从轻纺工业开始。然而，与英国、法国等资本主义国家不同，德国并没有充足的原始资本的积累，而进行大规模的工业革命必须拥有大量资金作为前提条件，在这种情况下，德国另辟蹊径，通过创办股份公司与股份银行将流动中的社会资本集聚。大量资本的聚集，为德国轻工业的发展提供了可能性，在英国人早已绘制好的工业发展蓝图上，德国的企业家们开始在棉纺织工业领域施展拳脚。然而，他们很快发现，由于国情的不同，英国的老路并不好走，两大阻碍限制了德国轻纺工业发展：第一，英国作为第一次工业革命的先锋国，在生产技术方面远远领先德国，所以，在棉纺织工业领域，德国没有丝毫技术优势；第二，德国是资源稀缺国家，原材料供应成了限制德国棉纺织业发展的重要因素。

轻工业领域迟迟无法取得成效，让德国人把目光转到了铁路建设上，而这一次工业中心的转移，成功地为德国工业的迅猛发展奠定了基础。

德国第一次工业革命之所以迅速转向铁路建设，主要动力源自两个方面。

其一，德国学术界和经济界等一些重要人物的卓越远见。在学术界，著名国民经济学家弗里德里希·李斯特等人从一开始就看到了铁路建设对德国经济发展的重要意义，他们认为通过铁路交通可以推动德国经济的全面发展。李斯特的《论作为德国铁路总系统基础的萨克森铁路系统》等文章的影响遍及整个德国政界和经济界，日后的德国铁路建设基本上遵循了他的规划。在经济界，富有远见的实业家和银行家们也看到了铁路建设的广阔前景，积极鼓吹和投资铁路建设。

其二，德国各联邦政府出于政治、军事和经济价值的考虑，也竞相加入铁路建设行列。结果，德国铁路建设从一开始就出现了所谓的"赛跑"性竞争。

在随后的发展中，德国人以铁路建设为中心，迅速扩张工业革命的辐射范围，以此推动了钢铁冶炼、煤炭开采、机器制造等其他重工业部门的发展，这一时期成为19世纪60年代德国工业发展高涨局面的准备阶段。

**2. 引人注目的德国机器制造业**

众所周知，第一次工业革命时期，蒸汽机车制造业是衡量国家制造水平的重要指标，长久以来，英国始终把持这一领域的最高生产技术和领先全球的良好口碑。与此同时，在如火如荼的铁路建设的背景下，德国机车制造业的发展成为铁路建设催生下的"德国制造"的典型代表,它作为一个缩影,向人们展示了这一时期德国制造的发展状况。

### 延伸阅读·德国故事

#### 第一次工业革命时期德国铁路建造大事记
邢来顺

1835年第一条铁路建成后,德国各地纷纷建立起自己的机车制造厂,柏林波尔锡希机器厂应运而生,并迅速成为发展最快的机车制造厂。

1841年,波尔锡希制造出第一台机车,30年后它便发展成为当时世界上最大的机车制造厂。

1842—1843年,德国投入营运的机车共245台,其中德国国产机车仅38台。到1851年时,这种状况就得到了根本性扭转,在1 084台运行机车中,德国自己生产的机车已达到679台,约占机车总数的63%。机车制造业的发展改变了德国对国外机车的依赖状况。

由此可见,以机车制造为代表的德国机器制造业在19世纪中期取得了长足进步,也吸引了越来越多的德国人成为制造业的从业人员。到19世纪60年代初,德国的机器制造业工人已经达到98 000人。

[选自《德国正确的产业发展战略与高速工业化》,《世界历史》(2001年第5期),有改动]

机车制造业是"德国制造"在第一次工业革命中具有代表性的产业,从依赖外国进口,到国产机车成为中流砥柱,机器化大生产有了开展的可能性,德国人有了更多的就业机会,这些都是"德国制造"在第一次工业革命中尝到的甜头。看到了发展工业带来的好处,德国人的工业热情愈发高涨。

凭借机车制造业的飞速发展,德国其他工业行业也稳步前进,"德国制造"第一次在世界工业领域崭露头角。到1870年,德国在世界工业生产中所占比重达到13%,甚至超过了老牌资本主义强国法国,跻身世界先进资本主义国家行列。

一位德国人曾在1867年巴黎世界博览会上自豪地宣称:"我们的铸钢是无可匹敌的,我们的玻璃、我们的纸张出类拔萃;我们在化学产品方面击败了英国人和法国人,我们的织布机、工具机和蒸汽机车至少已经与英国和美国的不相上下——相比较而言,这一目标是在极短的时间内实现的。"

## 二、高歌猛进的第二次工业革命

第一次工业革命让德国找到了经济发展的前进方向,"德国制造"也第一次引起世人的瞩目,人们开始对这个国家有所期待。可是,即便经历了第一次工业革命的洗礼,从整体上来看,德国也还没有达到工业化国家的水准,人们往往将这个时期的德国看作经济较为发达的农业国。彼时,德国国内生产结构中,第一产业仍然占据最大比重,作为第二产业的工业仅占国内生产结构的31.7%。德国人很清楚,只有不断提高工业产值,在列强环伺的欧洲大陆才能有自己的一席之地。这一契机并没有让德国人等待太久,随着德意志帝国的建立,统一的国家为德国工业的继续发展提供了坚实的政治基础。

### 1."德国制造"飞速进步

在德意志帝国时期,德国人牢牢抓住第二次工业革命的契机,以国家统一为背景,以对法战争的胜利为刺激点,通过两条途径大力推动"德国制造"飞跃式的发展。

【途径一:改造传统】

第一次工业革命发展了德国的钢铁冶炼和煤炭开采工业,然而,初步发展的德国工业并未被世界重视。以钢铁冶炼为例,与当时世界头号工业强国英国相比,其钢铁产量实在是微不足道。究其原因,英国掌握了钢铁冶炼的核心技术,而这项技术中必须具备的条件恰恰是德国所不具备的。这种技术上的缺失,曾一度让德国钢铁冶炼的发展无计可施,德国人锐意进取的性格不允许他们在初尝第一次工业革命带来的发展甜头的时候,就此无法取得进一步的发展。所以,德国人的目光始终没有放弃搜寻,他们等待着可以解决技术难题的那一天。终于,英国的托马斯炼钢法被引入德国,解决了这个问题,帮助德国的钢铁冶炼产业取得了突飞猛进的进步。

新工艺的采用对德国钢铁工业产生了明显的效果:

第一,钢铁产量直线上升。钢铁生产的总量提高到了令人瞩目的高度时,有一组数据值得关注,到1913年,德国的钢铁产量分别达到1 620万吨和1 931万吨,在世界钢铁生产中的比重分别上升到24.7%和24.1%,而同期英国在世界钢铁生产中的比重却下降到了 10.2% 和 13.3%。

第二，劳动生产率大大提高。以生铁生产为例，在 1879 年以后的 30 年间，德国每座高炉的生铁产量提高了 3 倍，工人劳动生产率提高了 2.3 倍以上，所有这一切，显然是原有技术难以达到的。

### 延伸阅读·德国故事

#### 技术引进——德国钢铁冶炼技术突飞猛进
施菊英

1856 年，英国人亨利·贝塞麦发明转炉炼钢法，使英国的钢产量大增，但这种工艺有两大前提条件：第一，它无法用于含磷的生铁类铸造；第二，它需要高额投入，仅两个转炉设备就需投入上百万马克。德国只有磷铁矿，而且资金短缺，因此这种工艺应用推广难度很大。直到 19 世纪 70 年代，德国只有克虏伯等少数几家钢铁企业采用了贝塞麦炼钢法。1865 年，西门子-马丁炼钢法出现后，同样由于无法解决脱磷问题而难以在德国推广。因此，德国若想在钢铁工业领域动摇英国的霸主地位，必须找到适合德国钢铁工业发展的新技术。

这种技术终于在 19 世纪 70 年代末出现了。英国人托马斯发明的托马斯炼钢法，解决了含磷铁矿石的脱磷问题，从而使利用丰富的磷铁矿成为可能。德国钢铁行业对这一最新技术成就如获至宝，当年就将这一专利引入德国，德国的钢产量由此而出现了突飞猛进的增长。

[选自《世界现代前期经济史》一书，有改动]

即便自己无法创造最新的技术，可一旦发现这种技术，德国人就不会放过。这种对工业技术进步的极度渴求，为"德国制造"注入了强劲的精神力量。德国人把"技术进步"的理念深深根植于自己的民族基因之中，当历史向前推进的时候，我们不断惊叹于德国企业强大的创新能力，而这种创新能力恰恰来源于对"技术进步"的渴求。

### 延伸阅读·品牌故事

#### 精益求精的德国菜刀

曾经有一个旅德中国人感叹，自己从德国带回来的产品中最受热捧的不是西门子的电子产品，不是美味的德国啤酒，而是一把又一把锋利耐用、号称30年不坏的德国菜刀。

双立人logo的历史演变

有赖于钢铁冶炼技术的进步，德国菜刀制作工艺突飞猛进，再加上德国人似乎与生俱来的工匠精神，一把需要反复锤炼、磨洗才能成形的菜刀，成了德国最畅销的家庭日用品。想要做好一道菜，味道虽然必不可少，但是没有完美的刀工和刀具的配合，相信很多菜品都会黯然失色。德国工匠以其严格的生产工艺，打造出了非常可靠、实用的厨房菜刀刀具。

创始于1731年，距今已经290年的"双立人"便是德国菜刀品牌中的佼佼者，以其实用性与耐用性闻名于世。该品牌不仅是世界最古老的菜刀品牌之一，同时也是世界现存最古老的商标之一。如今，"双立人"仍然兢兢业业做好每一把菜刀，让每一个家庭用上最持久耐用的厨房用品。"摩登厨房引领者"这一时尚理念也成为"双立人"不懈追求的品牌文化。

【途径二：新兴力量】

我们知道，第二次工业革命的标志就是电的发明和使用。德国人敏锐地察觉到这一生产要素的巨大威力，大力推动国内电气、化学等新兴工业的发展。

正是这些新兴产业，使德国成为第二次工业革命浪潮中的领袖国家，"德国制造"第一次真正被世界重视。

19世纪80年代，以电灯和电话的普及为契机，德国的企业家们率先开始了电气工业的大规模发展。到1896年，德国电气工业中已经出现了多达39家股份公司，这些公司的主要业务集中于发电机和电动机制造、电气工厂建设、电力照明系统安装，以及电车建造。随着电气工业的不断发展，德国企业逐渐出现了以西门子-哈尔斯克为代表的世界电气工业巨头企业。

### 延伸阅读·品牌故事

#### 电气巨头与中国的渊源

德国西门子股份公司创立于1847年，是全球电子电气工程领域的领先企业，创始人叫维尔纳·冯·西门子。利用第二次工业革命的丰硕成果，西门子公司很快就在电气工业领域成为行业指标。1848年，欧洲第一条远距离电报线由西门子公司建设完成，这条电报线从柏林到法兰克福，跨度长达500公里。二战时期，西门子开始生产收音机、电视机和电子显微镜。1872年，西门子进入中国，140余年来不断发展壮大，成为中国经济发展中无法忽视的德国企业。

西门子logo及其品牌宣言
（中文含义为"博大精深、同心致远"）

约翰·拉贝

西门子与中国的渊源不止于经济。在1937年至1938年间（日军对南京城进行大屠杀），德国西门子公司驻南京办事处经理约翰·拉贝以自己时任德国国家社会主义工人党（纳粹党）南京分部副部长的特殊身份，在中国南京建立南京战时安全区，并出任安全区委员会主席，保护了约25万中国平民，被称为"活菩萨""中国的辛德勒"。

电气工业的发展不仅为德国带来了丰厚的经济效益，同样惠及数量庞大的德国民众。数据显示，1891年，德国只有35个地方可供电力，而到了1913年，这个数字猛增到17 500,超过一半的德国居民用上了电。从世界范围看，1900年前后的世界各国，没有一个国家在电气工业的发展方面能够与德国相提并论。第一次世界大战前夕，德国牢牢坐稳了世界第一电气强国的宝座，其电气工业生产在世界的总占比超过三成，远超美国、英国、法国等其他强国；电气工业产品更是远销海外,在世界电气产品出口中的比重甚至接近五成。这些辉煌的成就得益于德国企业家们卓越的见识和非凡的策略,大名鼎鼎的德国通用电气公司正是在这样的时代背景下出现和发展,并迅速成为让世人仰慕的巨头企业的。

### 延伸阅读·品牌故事

#### 德国通用电气公司——戴姆勒-奔驰集团的四大支柱之一

德国通用电气公司(简称AEG),是德国最大的戴姆勒-奔驰集团的成员,也是世界上最大的电子电气专业公司之一,创建于1883年。其前身是德国爱迪生应用电气公司,不久即更名为"通用电气公司"。到20世纪二三十年代,它就已经把不断发展中的电力工程各个领域都囊括在内。

德国通用电气公司(AEG)logo

1941年,它从西门子-哈尔斯克公司手中承接了其在德律风根的全部股份,改名为通用电气-德律风根公司。1985年该公司改名为通用电气公司(AEG)。通用电气公司现已加入戴姆勒-奔驰集团,与奔驰汽车、德国航空航天公司和综合服务公司一起,成为该集团的四大支柱公司。通用电气公司创立者拉特瑙在总结通用电气公司的成功经验时,提出了三大要素:大规模生产、高质量和高利润。这实际上意味着规模效益、客户的信赖和对投资者的吸引力。正是这种正确的发展战略使德国电气工业出现了从投入、生产到销售的良性循环,进而大大促进了德国电气工业的扩张。

[选自《德国通用电气公司(AEG)》,《家用电器科技》(1999年第2期),有改动]

由于电动机技术的不断发展和进步,德国汽车行业成为世界汽车行业的引领者,由此造就了举世闻名的诸多德国汽车品牌。与AEG公司同属于戴姆勒-奔驰集团的世界著名汽车品牌"奔驰"就是其中的佼佼者。

### 延伸阅读·品牌故事

#### 梅赛德斯-奔驰——汽车诞生于此

梅赛德斯-奔驰是世界知名的德国汽车品牌,创立于1900年,总部设在斯图加特,创建人为卡尔·本茨(Karl Benz)和戈特利布·戴姆勒(Gottlieb Daimler)。梅赛德斯-奔驰以高质量、高性能的汽车产品闻名于世。除了高档豪华轿车外,奔驰公司还是世界上最著名的大客车和重型载重汽车的生产厂家,是世界十大汽车公司之一。

1886年1月29日，两位德国人卡尔·本茨和戈特利布·戴姆勒获得世界上第一辆汽车的专利权，标志着世界上第一辆汽车诞生。随后这一天就被人们称为汽车诞生日。一百多年过去了，奔驰汽车早已度过了它的百岁寿辰，而在这一百多年来，随着汽车工业的蓬勃发展，曾涌现出很多的汽车厂家，也有显赫一时的，但最终不过是昙花一现。到如今，能够经历风风雨雨而最终保存下来的，不过寥寥数家，而其中就有奔驰。

奔驰品牌logo

### 2. 化学工业后来居上

与电气工业在第二次工业革命的浪潮中由德国引领世界不同，现代化学工业本是由英国人在第一次工业革命中建立起来的。由于棉纺织工业的发达，英国轻工业市场对苏打和硫酸的需求十分巨大，这一现实局面催生了化学工业。然而，正当英国人躺在功劳簿上，陶醉于已有成就之时，德国人却慧眼识珠，看到了合成化学工业的诱人前景，投入了大量人才和资金进行煤焦油的综合开发和利用，逐渐在世界化工市场中占据了主导地位。他们抓住化学研究的最新成就，仅用二三十年时间就在这一产业领域中形成了近乎垄断的局面。到1913年，德国的化学工业发展迅猛，在这一领域几乎达到了一种无人匹敌的境地。

著名经济史学家奇波拉在对英德两国的染料工业进行比较后曾这样评价："单就这个工业来说，英国像个不发达国家，带有殖民地经济特色，它向德国输出原料（未加工和半加工的煤焦油产品），再向德国买回精制的值钱的染料成品。"

得益于化学工业与棉纺织工业的结合，德国人迅速发挥化学工业的能量，并使之商业化，催生了一批极具商业价值的品牌，其中有些品牌经久不衰、历久弥新，走过百年风雨，至今享誉全球，阿迪达斯（adidas）便是个中翘楚。

### 延伸阅读·品牌故事

#### 阿迪达斯——胜利的三条线

阿迪达斯是德国世界著名运动用品制造商。公司2010年总资产达106.2亿欧元，营收达119.9亿欧元。以其创办人阿道夫·达斯勒命名，在1920年于靠近纽伦堡的黑措根奥拉赫开始生产鞋类产品。1949年8月18日，以"adidas AG"名字登记。阿迪达斯原本由两兄弟共同开设，在分道扬镳后，阿道夫的哥哥鲁道夫·达斯勒创立了运动品牌彪马（PUMA）。在运动用品的世界中，阿迪达斯一直是一种特别的象征，有人称之为"胜利的三条线"。自1949年创立至今，阿迪达斯帮助过无数的运动选手缔造佳绩，成就了不少人的梦想。因此，阿迪达斯也可以说是集合了众人信赖及尊敬的运动品牌最佳典范。

阿迪达斯品牌logo

德国化学工业随着技术的革新持续进步，其不断发展也带动了一大批衍生产业，而在这一领域，德国人的成就同样不低。

### 延伸阅读·品牌故事

#### 妮维雅——德国的"雪白秘密"

妮维雅是世界知名日用化妆品品牌之一，是一个为德国公司拜尔斯道夫所有的大型全球性护肤品与身体护理品品牌。1911年，拜尔斯道夫公司研发了首个油包水型乳化剂，该乳剂为同类型产品中第一种稳定的乳剂。此后，该公司正式更名为NIVEA，灵感来自拉丁语nivius，意为"雪白"。

如今，妮维雅的品牌形象——"妮维雅能给肌肤最温和的呵护"已深入人心。在欧洲，妮维雅早已成为皮肤保养的代名词。

妮维雅品牌logo

现代新兴产业的电气和化学工业的迅猛发展，使后来居上的德国展现了新兴工业化国家的旺盛工业活力，德国一跃成为世界工业先锋国家。从这一意义上讲，电气和化学工业的高速发展对于提高德国工业在国际上的地位具有特别重要的意义。经过第二次工业革命时期的高速增长，到第一次世界大战前夕，德国工业生产已经超过英国，成为仅次于美国的世界第二大工业强国。

从这一刻起，站在经济的角度来看，德国已经基本完成了工业化进程，成为工业化国家。

纵观这段发展历史，我们可以看到，"德国制造"并非一开始就领先世界，作为后进国家，德国在工业化初期没有始终在先行工业国家背后亦步亦趋。德国人勇于创新、敢于突破的企业家精神让他们在模仿先行者模式的基础上锐意进取，找到了新的发展道路；而重视客户的信赖，让德国人的工匠精神开始萌芽，为"德国制造"在全球取得优秀口碑奠定了坚实的基础。

【想一想】
1. 曾经带有侮辱性色彩的"德国制造"是如何成为高品质的代名词的？
2. 请结合自己的生活经验，简单介绍一个你最熟悉的德国品牌。

## 第二节　德国工业4.0

经历了第一次工业革命迟到的浪潮和第二次工业革命的奋力追赶与强劲反超，"德国制造"不仅为德国本土创造了数不尽的财富，改善了德国人民的生活质量，让德国迅速跃升至世界顶尖的资本主义强国行列，也为"德国制造"在全球范围建立良好的口碑提供了历史条件。不过，经过两次世界大战对德国工业的摧残，战后的德国经济一度十分萧条，即便如此，凭借"德国制造"的工匠精神和与生俱来的强大的学习能力，德国人迅速翻身，抓住了第三次工业革命的契机，建立起了一套自动化的、以可编程逻辑控制器和计算机的应用为标志的、机器接管了人的大部分体力劳动的工业体系。尽管在数字化方面并没有做到尽善尽美，但德国强大的制造业技术优势仍然让这个工业强国不断引领着世界工业的发展走向。然而，自1973年德国自主研发了第一台可编程逻辑控制器以来，工业产能的迅速增长虽然带来了生活方式和经济效益的双重飞跃，但随之而来的诸如产能过剩等问题一直困扰着德国，也影响着世界工业的持续发展。基于这种情况，一向锐意创新的德国人提出了全新的概念——"工业4.0"。这一概念迅速飞往世界各地，成为许多国家讨论和学习的热点话题。

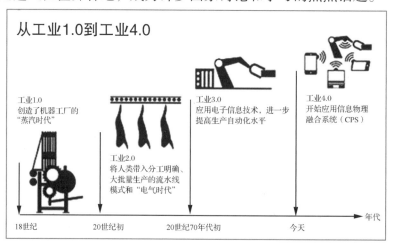

四次工业革命示意图

那么，德国为什么要提出"工业4.0"的概念？究竟什么是"工业4.0"？"工业4.0"发展的现状和未来趋势是怎样的？

## 一、这就是答案

2011年，德国在汉诺威工业博览会上提出了"工业4.0"概念，目的是提升德国制造业的智能化生产水平，加快制造业转型升级，使德国产品更具竞争力。我们不禁要问，既然"德国制造"早已在国际上成为品质和精巧的代名词，又何来提升德国产品竞争力一说呢？主要原因有三个方面：

### 1. 对"空心化"说不

通过第二次世界大战后几十年的发展，全球经济日益成为一个整体，发达国家为了节约生产成本和抢占市场，纷纷转移国内制造业，到海外寻求资源和市场，这就造成了本国产业的"空心化"。工厂都建在了海外，如何能够拉动国内经济的发展呢？所以，2008年金融危机后，对于德国来说，虽然产业"空心化"问题并不严重，但是，积极推进"工业4.0"，发展先进制造业，能够改善国内生产经营环境，提高产品竞争力，提供更多的国内就业岗位。

---

**延伸阅读·知识链接**

#### 什么是"产业空心化"？
#### 陈 成

美国在20世纪60年代首次提出了"产业空心化"，这是对产业空心化现象第一次明确定义。此概念的提出是基于当时美国汽车和电动机械等重要制造业向西欧转移的背景，对外直接投资对美国国内制造业有强烈的挤出效应，产业空心化出现，国内实体经济的竞争力迅速下降，失业问题随之而来。

由此可见，出现产业空心化现象的原因主要是：高度发达的国家和城市，由于追求完善的经济服务，使得大部分制造业都转移到了欠发达的国家和城市。有人认为，当第三产业比重超过60%，那么这种现象就是"产业空心化"。

[选自《我国产业空心化趋势与对策研究》，广西大学硕士论文（2015年），有改动]

---

### 2. 来自外部的挑战

极强的危机意识让德国敏锐察觉到来自美国、中国等国家的威胁，这些国家的制造业发展速度快、发展水平高，已经严重挤压了德国制造业产品在全世界的销售量和利润。在新兴产业领域，美国是世界上最具有创新精神的国度，互联网、机器人等技术处于世界领先地位。在传统产业领域，中国制造的产品销往世界各个角落，且产品品质也有大幅提高。德国制造历来都处于世界顶尖的水平，他们自然不甘心在发展中落后，"工业4.0"为他们抢占未来制造业高地提供理论上的可能性。

**标准排名·德勤2016年全球制造业竞争力排行榜 TOP 20**

| 名次 | 2016年 | 指数评分 | 2020（预计） | 指数评分 |
|---|---|---|---|---|
| 1 | 中国 | 100.0 | 美国 | 100.0 |
| 2 | 美国 | 99.5 | 中国 | 93.5 |
| 3 | 德国 | 93.9 | 德国 | 90.8 |
| 4 | 日本 | 80.4 | 日本 | 78.0 |
| 5 | 韩国 | 76.7 | 印度 | 77.5 |
| 6 | 英国 | 75.8 | 韩国 | 77.0 |
| 7 | 中国台湾 | 72.9 | 墨西哥 | 75.9 |
| 8 | 墨西哥 | 69.5 | 英国 | 73.8 |
| 9 | 加拿大 | 68.7 | 中国台湾 | 72.1 |
| 10 | 新加坡 | 68.4 | 加拿大 | 68.1 |
| 11 | 印度 | 67.2 | 新加坡 | 67.6 |
| 12 | 瑞士 | 63.6 | 越南 | 65.5 |
| 13 | 瑞典 | 62.1 | 马来西亚 | 62.1 |
| 14 | 泰国 | 60.4 | 泰国 | 62.0 |
| 15 | 波兰 | 59.1 | 印度尼西亚 | 61.9 |
| 16 | 土耳其 | 59.0 | 波兰 | 61.9 |
| 17 | 马来西亚 | 59.0 | 土耳其 | 60.8 |
| 18 | 越南 | 56.5 | 瑞典 | 59.7 |
| 19 | 印度尼西亚 | 55.8 | 瑞士 | 59.1 |
| 20 | 荷兰 | 55.7 | 捷克 | 57.4 |

2016年全球制造业竞争力及2020年预计竞争力排行榜

### 3. 德国制造的"抢滩登陆"

曾经有一款电子游戏风靡一时，这款游戏的名字叫《抢滩登陆》。玩家需要抢占海岸线上的重要作战基地，用以消灭不断来犯的敌人，一旦抢占堡垒的速度变慢，失去先机的玩家将以失败告终。

德国人非常清楚，制造业的未来发展也如同这款游戏一样，一旦在技术上落后一步，立刻会与失去先机的电子游戏玩家一般，面临失败的局面。

2008年，一场经济危机席卷全球，如今，经济危机的余波尚未完全消退，各国正在探索新的经济发展之路,这对德国来讲既是机遇,又是挑战。首先,德国制造业基础强,人才、设备、环境等方面条件成熟,升级改造的阻力和困难较少。其次,德国政府积极出台具体规划和优惠措施,推动实施"工业4.0",集合政府、企业、行业协会的力量,"工业4.0"被寄予厚望,德国人希望它能够推动经济的恢复和发展。最后,"德国制造"质量上乘,为世人所认可,智能制造技术融合了制造业和信息技术,为快速占领全球市场提供了战略上的可能性。

在种种因素的共同作用之下,德国对未来制造业发展方向具有清晰的预判。这种预判是在科学、认真地研究后做出的战略抉择,符合制造业发展的路径模式,也得到了世界主要国家的认同。面对世界各国纷纷出台各自的先进制造业发展计划的局面,德国岂能错过良机,落于人后呢?

因此,他们积极寻找解决问题的方法,"工业4.0"就是那个答案!

## 二、万物互联、精准服务

那么我们不禁会问,德国的"工业4.0"究竟具有怎样的内涵?江苏企业家考察团的亲身经历,或许可以为我们认识"工业4.0"提供参考。

**延伸阅读·新闻速览**

### 江苏考察团的宝马工厂之旅

2017年4月24日,一批来自江苏的企业家考察团来到德国,他们马不停蹄地参观了宝马丁格芬工厂、菲尼克斯电气集团公司总部和德国汉诺威国际工业展览会之电气技术展览会。成员们赞叹不已,用一个词形容此次德国智能制造之旅——不虚此行!以宝马工厂为例,最令他们感到震惊的是宝马没有仓库,实现了零库存。这一切让企业家们真真切切地感受到,宝马工厂在努力实践着产品设计制造中智能化的嵌入。机器人在不停运转,精准而高效,在这些机器人背后其实有一整套生产编程软件与设备控制的工业电脑在反复计算、指示与反馈。正是这只"看不见的手",让生产线高度柔性化,进而多种车型在一条生产线混合生产,实现了企业真正意义上的降成本、增效率。

然而,企业家们回来以后却说,这些足以让他们感到震惊的生产场景还远非德国"工业4.0"蓝图中所设想的全部内容。据他们了解,在这份蓝图中,机器人背后那只"看不见的手"不但可以遥控着机器人的行为举止,而且可以从机器人那里得到数据和行为的反馈，从而做出智能化的解决方案，建立一套类似于人类社会的社交网络系统。只不过，这套系统在"工业 4.0"时代不仅仅局限于人与人之间，它还会应用于人与物、物与物之间，打造一个真正的智慧工厂；利用信息通信技术与传统制造业的结合，在智慧工厂的基础上，"工业 4.0"的蓝图还更进一步地描绘了与之配套的智能生产和智能物流两大模块。也就是说，智慧工厂、智能生产和智能物流三个方面互相配合，从生产到运输的各个环节整合产品的生命周期，最终实现可追溯、个性化、数字化的生产模式，也就是我们所谓的"智能化生产模式"，这种生产模式将成为"工业 4.0"最重要的表现形式。

[选自《重磅！苏商亲历：告诉你德国工业 4.0 有多"可怕"》，苏商会公众号（2017 年 4 月 27 日），有改动]

所谓"工业 4.0"，是基于工业发展的不同阶段做出的划分。按照目前的共识，"工业 1.0"是蒸汽机时代，"工业 2.0"是电气化时代，"工业 3.0"是信息化时代，"工业 4.0"则是利用信息化技术促进产业变革的时代，也就是智能化时代。

这个概念最早出现在德国，在 2011 年的汉诺威工业博览会上正式提出，其核心目的是为了提高德国工业的竞争力，使德国在新一轮工业革命中占领先机。

"工业 4.0"是由德国政府在《德国 2020 高技术战略》中提出的十大未来项目之一。该项目由德国联邦教育局及研究部和联邦经济技术部联合资助，投资预计达 2 亿欧元。旨在提升制造业的智能化水平，建立具有适应性、资源效率及基因工程学的智慧工厂，在商业流程及价值流程中整合客户及商业伙伴。

德国所谓的"工业 4.0"是指利用物联信息系统（Cyber Physical System，简称 CPS）将生产中的供应、制造、销售信息数据化、智慧化，最后达到快速、有效、个人化的产品供应。

"工业 4.0"的技术基础是网络实体系统及物联网。通俗地讲，传统制造业与信息技术的结合构成了"工业 4.0"的主体框架，智能化、绿色化等理念被注入产品生产、运输、消费的各个环节，其特征主要有三：

【特征一：产品的数字化】

机器、产品、人不再是三个割裂的环节，它们被紧密联系起来，数据在企业生产、运输、销售各环节实现共享，每一件产品的使用寿命和制作过程将实现完全数字化。数字化意味着精密和准确，也就是说，"工业 4.0"的这一重要特征,让工业生产中的"犯错"变成了"奢侈"的偶然事件。

【特征二:产品的个性化】

产品不再统一标准,可以根据消费者的反馈做出准确的更改,人们甚至可以自由配置各种功能,让每一件产品都变得不一样,真正实现个性化生产。到那个时候,以手机生产为例,除非生产商收到具体的生产要求,即便是同一型号,世界上也绝对不会出现相同的两部手机,每一部手机都将打上明显的用户标签,这就是个性化生产的独特魅力。

【特征三:产品的智能化】

那些无须人工操作,在智能工厂中勤劳工作的机器不再简单地接受来自人类的指令,它们配备了先进的调节器和传感器,这些零件会让机器与机器、机器与人类的通信都变得顺畅起来,使得这些机器人可以根据不同的情况自动形成特定的生产结构,甚至可以在没有提前设定程序的情况下,智能化的生产机器自动生成解决方案。这样一来既解决了人工成本问题,也让工程师们能够迅速地获取机器的最新运转情况,达到最高效的运转模式。

从上面的三大特点我们可以非常容易地发现,数字化是为了量化指标,追求生产过程的准确率;个性化是为了精准服务,配合服务对象的独特性;智能化是为了互通万物,达到人机互联的贯通性。因此,在"工业4.0"时代,万物皆可互联,德国哲学家布莱尼茨所说的"世界上没有两片完全相同的树叶"将会发生在工业生产的所有领域。

## 延伸阅读·知识链接

### "智能化"是"工业4.0"计划的灵魂

德国联邦外贸与投资署的一名专家在接受记者采访时表示,"工业4.0"运用智能去创建更灵活的生产程序,支持制造业的革新及更好地服务消费者,不论生产还是生活,都将发生巨大的变化。他向记者介绍道:"智能化的生产并不是一种简单的生产过程,而是产品和机器的沟通交流,产品来告诉机器该怎么做。生产智能化在未来是可行的,将工厂、产品和智能服务的桥梁打通,将是全新制造业时代一件非常正常的事情。"

可见,智能化是"工业4.0"计划的"灵魂",德国意图通过这一计划,在制造业领域内构建看得见的物理设备与看不见的数字信息联系系统。新型制造技术与先进制设备的结合已经不能完全解释这一计划的丰富内涵，万物皆可联结的新信息技术在智能工厂中的引入，才是彻底改变工业生产方式的核心要素。

[选自《德国工业4.0：务实发展　并非一蹴而就》，物联网世界（2015年9月17日），有改动]

## 三、迈出了稳健的第一步

即便"工业4.0"计划的提出距今不过才几年的时间，但是德国已经展开了初步的尝试，为"工业4.0"时代的真正到来做好了准备。

从目前的实践来看，德国"工业4.0"计划得到了来自德国社会多方面的支持，这些支持力量通力合作，为这一时代的到来保驾护航。

德国国家工程院和联邦教育与研究部积极参与，体现了国家战略意图和相应的政策支持；德国工业和信息通信产业内的领先企业是"工业4.0"计划的积极倡导者和实践者，为"工业4.0"计划的推进提供了资源保障和试验场；德国重点技术型大学和著名的弗朗霍夫研究所为"工业4.0"计划提供解决方案支持；德国主要的行业协会也深度参与到该计划当中，发挥组织协调和信息交流的作用。有赖于以上力量的协同支持，"工业4.0"在德国有了最初的发展，其发展现状也清晰可见。

在电气工程和机械制造领域的工业生产自动化是德国得以启动"工业4.0"的重要前提之一，德国制造业中广泛采用的"嵌入式系统"正是自动化生产的一种表现。数据显示，这种"嵌入式系统"每年获得的市场效益高达200亿欧元。

"工业4.0"是一个涉及不同的企业、部门和领域，以不同速度发展的渐进性过程，因此，跨行业、跨部门的协作成为必然。同样是在2013年汉诺威工业博览会上，由德国机械设备制造业联合会（VDMA），德国电气和电子工业协会（ZVEI），以及德国信息技术、电信和新媒体协会（BITKOM）三个专业协会共同建立的"工业4.0"平台正式成立。一些德国企业走在时代前列，已经开始实施"工业4.0"战略，其中就不乏博世（BOSCH）公司这样的世界级精密机械及电气工程公司。在这些举世闻名的大公司的引领下，德国"工业4.0"迈出了稳健的第一步。

> **延伸阅读·品牌故事**

### 博世（BOSCH）在"工业4.0"上的努力

博世（BOSCH）是德国的工业企业之一，从事汽车与智能交通技术、工业技术、消费品和能源及建筑技术等产业。1886年，年仅25岁的罗伯特·博世先生在斯图加特创办公司时，就将公司定位为"精密机械及电气工程的工厂"。如今，博世以其创新尖端的产品及系统解决方案闻名于世。

"工业4.0"，是智能制造时代最常被提起的热词。作为德国"工业4.0"战略的重要发起者，博世集团不仅已经在中国实践"工业4.0"，成为领先的践行者，也在积极推广相关经验，成为"工业4.0"的卓越供应商。

互联化和数字化是博世集团战略坚定执行的方向，同时也成为博世日常业务的一部分。邓纳尔博士介绍道："转型为我们创造了进一步展现博世实力的机会。这绝不仅仅是纸上谈兵，而是真枪实弹取得技术和商业上的成功。"博世预见在互联工业领域蕴藏着巨大的商机。如今，一个全新的业务单元"博世互联工业"就此成立，于2018年1月1日开始正式运营，首批员工达500名。在该业务单元，博世集中开展"工业4.0"相关的业务活动，集合了该领域所需的所有专业技术，尤其包括软件和服务能力。随着业务的不断开展，博世也将为第三方提供"工业4.0"的产品和服务。博世将在"工业4.0"领域不断开拓对外业务，预期可实现超10亿欧元的销售额增量。收购地图供应商HERE部分股权之后，博世有望在"工业4.0"领域释放更多潜力。

博世在全球超过250家工厂里应用"工业4.0"的理念和技术，其位于中国苏州的工厂也是其"工业4.0"试点基地之一，在那里，从基础的无纸化办公到自动备料系统的实施都已经成为现实。在未来博世的工厂里，一台平板电脑的视频图像上会给出所显示部件的综合信息和维修指令，工人可以直接通过触摸屏处理这些信息。

如今，博世除了探索"工业4.0"的解决方案外，也积极对外提供咨询服务，将自己关于"工业4.0"的经验分享出去，成为"工业4.0"的供应商。仅就中国而言，截至2017年年初，博世已经在中国的9个生产基地展开了13个"工业4.0"项目。

[选自《博世2017年财报最新出炉　全年销售额达780亿欧元》，搜狐网（2018年2月2日），有改动]

## 四、未来可期

尝试的脚步已经迈出，尽管"工业4.0"计划尚在萌芽阶段，但我们已然可以看到未来发展的趋势。

我们可以畅想这样一个智慧城市：环境、街道、城市交通、家庭内部都可以实现智能化；企业生产流程、利用能源的方式、保护环境的方式等都会因为智能化和最新的信息技术而焕然一新。数字世界中有实体世界的影子，通过这些影子我们可以看到，有时他们是相互存在的，但有时只能从虚拟的数字世界中看到部分实体世界。将来，我们会看到一个更加丰富的数字世界，它能够更加真实地反映出实体世界的变化。这或许就是"工业4.0"计划为我们描绘的未来世界的蓝图，同样，这也是这一计划未来的发展趋势。

以"智能家居"为例，通过信息技术，我们日常家庭生活的很多方面可以实现智能化。例如供暖，目前供暖主要依靠机械装置，人们需要手动来调节温度，但是如果利用了信息技术和感应器，供暖设备就可以实现自动控温。如果你不在家，温度就会自动降低；如果系统知道你快要回家，供暖设备会重新启动。

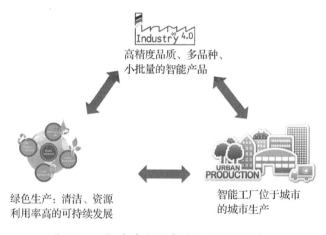

"工业4.0"未来发展中的3个重要环节

还有"智能工业"，工厂的生产流程也可高度智能化。智能化的工厂完全可以由物联网来控制，即生产流程完全由电脑来加以整合。实时的生产监控程序知道需要怎样的新材料、怎样的工序来确保生产流程顺利进行。这个不是简单的生产自动化的问题，而是实现智能控制。如果系统监测到生产流程中突然出现故障的话，机器会自动暂停运作，自我修复，而不是继续运行，不断生产残次品。所以通过信息技术，我们可以保证最有效地利用能源，这些都是将来智能化工厂所应具备的特点。

**延伸阅读·知识链接**

## 汽车行业的"工业4.0"时代

汽车业素来被看作制造业中的重要产业,而德国的汽车制造业名声享誉全球。如果汽车行业进入"工业4.0"时代,那么会发生怎样的改变呢?一台汽车有很多零部件,实际上在新的时代,每个零件都可以自动生成很多数据,这些数据可以告诉人们零部件是否在正常工作,汽车生产商可以通过监测这些数据来了解零部件的工作情况。如果发现异常,则可以提前进行替换,生产商会及时把相关的零部件送到某家汽修店。因为厂商在实时捕捉数据,所以他知道汽车距离哪一家汽修厂最近。

作为汽车行业的龙头老大,奔驰汽车早早便为"工业4.0"的到来布局,他们设计了世界上第一辆无人驾驶卡车,这辆卡车被命名为"未来卡车2025";除此之外,无人驾驶的移动客厅、无人驾驶的公共飞机,这些让人耳目一新的项目都是奔驰汽车为"工业4.0"时代所做的精心准备。

奔驰"未来卡车2025",驾驶员手持平板,并未驾驶

以上种种,都是基于"工业4.0"计划的合理畅想。作为这一计划的最初提出者,德国的制造商和一些研发机构、大学的团队正在开展合作,专门建立一个研究联合会,他们邀请各方力量在这个平台进行分工,进行相关实验、模块制造、产品加工等,智能化与制造业的结合将是"工业4.0"发展的必然趋势。

[选自《对话工业4.0之父:中国制造将大有可为》,国际工业自动化网(2014年12月18日),有改动]

# 德国"工业4.0"与《中国制造2025》

周 济

近年来,中国制造业发展水平逐年上升,尤其是家电、汽车、飞机等装备制造正一步步走向高端。中国已经成为制造业大国,制造业增加值占全国工业收入的86.7%,占出口总量的95.09%,占世界制造业总量的20%,超过美国,成为世界第一大制造业国家。然而,我们的制造业在取得光辉成绩的同时,也存在着一些问题,最突出的莫过于两点:一是产品的中低端化,二是低价位竞争。

当前,世界产业分工格局正在发生改变,新一轮科技革命和产业变革正在引领制造业走向前所未有的道路;尤其是2008年世界金融危机以后,欧美各国正在力图通过制造业的升级,摆脱经济颓势,重塑自身的国际竞争力。在这样的国际背景下,德国政府提出"工业4.0"计划,依托其强大的制造业传统,不仅在欧洲各国深陷债务危机的环境下始终保持经济发展上的一枝独秀,而且利用通信网络,打造"智能工厂",为未来的国际制造业竞争提前做好了准备。而在距离德国7 000多公里以外的遥远东方,中国也提出了举世瞩目的制造业发展战略全新部署——《中国制造2025》,对我国制造业转型升级和跨越发展做了整体部署,提出了我国制造业由大变强"三步走"战略目标,明确了建设制造强国的战略任务和重点,这是我国实施制造强国战略的第一个十年行动纲领。

如果说德国"工业4.0"的灵魂是"智能化",那么,有专家指出,《中国制造2025》的核心就是"智能制造",在这一点上,可以看到两个国家的战略是极其相似的。2015年5月19日,国务院正式发布的《中国制造2025》报告中明确指出了我国制造业由大变强"三步走"战略目标,其中第一步,即到2025年迈入制造强国行列,而"智能制造"被定位为中国制造的主攻方向。

《中国制造2025》提出的"三步走"战略

［选自《智能制造——"中国制造2025"的主攻方向》,《中国机械工程》(2015年第17期),有改动］

【想一想】

1. 如果"工业4.0"时代全面到来,将给你的生活带来哪些变化?

2. "智能化"是"工业4.0"的灵魂,你最希望你身边的哪件产品可以智能化?

# 第四章 太仓的德企之缘

## 第一节 太仓的德企之缘

太仓,亦称"娄东",因太仓位于太湖进入东海的三条河流之一的娄江之东,由此得名。春秋时期吴王在此设立粮仓,故而得名"太仓"。太仓地处长江出海口,濒临东海。元代,得益于海道漕运的开辟,八方名产汇集于此,太仓成为闻名全国的"天下之仓"。到明代,太仓又成为郑和七下西洋的起锚地和归舶港,吸引了全世界的商贾,太仓被时人誉为"天下第一码头"。

"东南财赋地,江浙人文薮",自古以来,太仓位于吴文化的核心地带,钟灵毓秀,人才辈出,特别的地理、经济、商业环境,加之太仓人的勤劳与智慧,孕育出了王世贞、张溥、吴伟业、王时敏、魏良辅等文化名家。太仓也是娄东画派、昆曲、江南丝竹的发源地,这里形成了风格独特的娄东文化,以及在此基础上以"精致和谐、务实创新"为特色的太仓城市精神。改革开放以来,植根于传统文化的丰厚土壤,利用港口和毗邻上海的优势,勤劳智慧的太仓人抓住改革开放的大好机遇,在引进德资企业方面独具慧眼,使太仓成为闻名全国的"中国德企之乡"。德企文化与太仓传统文化不断融合,使这座富庶、古老的城市重放光彩!改革开放以来,太仓先后获得了"中国最具幸福感城市""中国卫生城市""中国园林城市""中国优秀旅游城市""中国生态市""中国人居环境奖"等荣誉,经济发展水平连年稳居全国县级城市前十名。

德国,位于欧洲的心脏,是一个拥有伟大的科学、文化、工业、艺术传统的国家。德国不仅是欧洲经济的火车头,还是俾斯麦、爱因斯坦、歌德、黑格尔、贝多芬、巴赫、高斯、瓦格纳、伦琴的故乡。第二次世界大战后，德国创造了举世闻名的经济奇迹，成为欧洲经济最发达的国家。1990年，东西德国统一后，德国在世界政治经济舞台上的地位更加重要。如今的德国，是欧洲四大经济体之一，主导欧洲的经济走向，是欧元区经济增长的引擎，拥有汽车、电子电气、机械设备、化学、再生能源、军工精密制造等支柱产业。德国是目前世界上制造业最发达的国家之一，不但拥有西门子、奔驰、宝马、大众、巴斯夫、拜尔、贝塔斯曼等世界著名企业，中小企业的实力水平也十分出色，特别是拥有1 300多家世界产业第一的中小企业品牌（"隐形冠军"企业），德国形成了完整的企业生态体系，并在全球范围内具有强大的竞争力。

德国是一个以产品立国的国家，"德国制造"已经成为品质、品牌、身份的代名词，到底是什么力量造就了德国的强大？德国经济发展的基础又是什么？当德国企业来到太仓，我们能从德国企业文化中学到什么？如何能将太仓的"精致和谐、务实创新"的城市精神与德国严谨精致的工匠精神兼容起来，铸造出全新的"中国制造"，从而为实现中华民族的伟大复兴的"中国梦"谱写全球人类文明史上更加精彩的华章？这是摆在我们每个年轻人面前的值得思考的问题。

改革开放以来，太仓在引进德资企业方面独具特色。目前，全市集聚德企超300家，投资总额近50亿美元，年工业产值超500亿元人民币，90%以上早期落户的德企完成增资扩建，德企成为太仓产业中不可忽视的力量。良好的质量效益，使得德企在太仓保持了净资产、产销、利润等指标每年约20%的增速，万元产值能耗却不断下降，成为高质量发展的标杆。令人欣喜的是，太仓市的对德合作不断深化，在产业合作方面，太仓市400多家本土企业在与德企的合作中步入高质量发展的轨道，同时，合作又不止于产业领域，双方合作领域已经由经贸拓展至科教、文体、环保、公益、城市建设和社会管理等各个方面。太仓对德合作的良好社会效应受到中德两国各方面的关注与肯定，太仓被外界誉为"中国德企之乡"。

从1993年首家德企克恩-里伯斯投资太仓至今，德资企业在太仓的发展经历了什么样的历程？如何认识、思考太仓和德企的缘分？太仓何以能够吸引如此众多的德资企业？众多德企为何如此青睐太仓？要解答这些问题，我们需要重新认识太仓，需要深度认识德资企业及其文化，更需要将这样的思考和我们的职业生涯发展联系起来。只有这样，我们才能从德企文化上吸取更多的养料，我们才能从太仓的历史文化中吸取更多的精华，我们的这一课程才显得有意义。

思考太仓和德企的缘分，用时任太仓市高新区招商局局长郁颖珠女士的话说，有偶然的原因，也有必然的原因。偶然原因是指1993年，德国巴登-符腾堡州议员、全球著名弹簧生产企业克恩-里伯斯公司总裁斯坦姆博士第一次来到太仓，就被这里安静清新的环境吸引，他说："太仓如同我家乡的小城，环境精致，生活舒适，我一下子就爱上了这座城市。"这句话道出了许多德国人对太仓的观感，也道出了太仓这座苏南小城的文化特质。偶然中其实也包含着必然，说到必然原因，除却区位优势、港口优势及太仓市政府在招商引资方面的不懈努力之外，文化的融合相通是德资企业能够在太仓扎根发展的根本原因。从"天下之仓"到"天下第一码头"，太仓千年来农业文明时代的辉煌历史孕育出精致典雅的娄东文化，改革开放后又逐步形成了以"精致和谐，务实创新"为特色的太仓城市精神。如果说"天下之仓"体现的是传统太仓人的勤劳务实，那么"天下第一码头"则教会了太仓人包容进取。从这个意义上说，太仓的传统文化与德国文化的严谨细致、务实创新的工匠精神有着太多相通之处，假以时日，太仓人必将在未来与德企的合作中谱写出中国传统文化与德国文化相融相生共同发展的辉煌乐章。

## 延伸阅读·理论链接

### 太仓高新区德企情况综述

太仓，地处长江中下游平原的江苏南部，滨江临海，西靠昆山，南接上海，气候温和，环境优美。自古以来，太仓物华天宝，人杰地灵，经贸繁荣，素有"锦绣江南金太仓"的美誉。改革开放以来，植根于传统文化的丰厚土壤，利用港口和毗邻上海的优势，勤劳智慧的太仓人抓住改革开放的大好机遇，在引进德资企业方面独具慧眼，使太仓成为闻名全国的"中国德企之乡"，德企文化与太仓传统文化不断融合，逐步形成了"精致和谐，务实创新"的太仓城市精神，使这座富庶古老的城市重放光彩！改革开放以来，太仓先后获得"中国最具幸福感城市""中国卫生城市""中国园林城市""中国优秀旅游城市""中国生态市""中国人居环境奖"等荣誉，经济发展水平连年稳居全国县级城市前十名。

太仓高新区是太仓德资企业最为集中的地方,德资企业在太仓落户,不仅给太仓的经济发展带来贡献,也给太仓的文化、教育、商业、环保、人文理念、城市精神等领域带来新的机遇和挑战。

高新区既是全市开展对德合作的发源地和主阵地,也是全市不断深化对德合作的先行军和主力军。太仓高新区的发展始终与对德合作相织相融,自1993年首家德资企业克恩-里伯斯公司落户至今,高新区已经走出了一条"源自民间、扎根基层、自下而上"的对德合作之路,探索出一套"由点及面、由表及里、由此及彼"的中德合作创新模式,逐步形成由产业延伸至科技、教育、文化、体育、环保、公益等多个领域的深度合作体系。高新区先后获批全国唯一的中德企业合作基地、国内首个中德中小企业合作示范区,特别是被科技部认定为国际科技合作基地、苏州国家先进制造技术国际创新园,主要经验做法写入科技部《科技创新共塑未来·德国战略》。目前,太仓高新区对德合作已在以下四个方面取得明显成效:

### 一、成为特色鲜明的对德科技创新合作集聚区

至2019年6月,太仓累计拥有德资企业316家,项目总投资达45亿欧元,年工业产值500多亿元人民币,亩均产值达1 400万元人民币。太仓市被誉为"中国德企之乡",而高新区几乎承载了全市的德资经济发展。区内德企主要集中在高端装备、汽车零部件、新材料等产业领域,普遍呈现鲜明的"专、精、特、新"发展特色,其中超半数德企设立了本地化研发中心,45家德企申请专利,近50家德企堪称行业内的"隐形冠军",净资产、产销、利润等指标每年保持约20%的增长,形成了技术水平高、产品辐射广、环境友好、竞争力强的集群化发展态势,实现了德资企业由独立到群聚、由试探性投资到扎根本地成长的跨越式转变。同时,高新区紧跟中德两国科技创新合作趋势,以对德创新合作为引领,推动区内主导产业高端发展,促进全市发展动力转换。目前,已有400多家本土企业与德资企业开展生产配套、科技项目、人才和资本等多种形式的深度合作。例如,在2019年5月11日德国杜塞尔多夫"太仓日"上,有3个中德企业合作项目签约,分别为德珂斯和宗建机电合资在太仓建设工厂、同高科技和德国利泽莱恩(Laserline)公司开展技术合作、东南佳和德国崇德集团开展技术合作。

### 二、建立引领示范全国的双元制教育合作模式

2001年,太仓高新区紧密围绕企业人才需求,成功引入德国"双元制"教育模式,率先在全国建立了与德国职业技术教育同步的职业培训中心——太仓德资企业专业工人培训中心。在此基础上,依托区内骨干企业,联合苏州健雄职业技术学院、上海同济大学、德国工商大会上海代表处等多家院校和机构资源,通过"院校入园""校企联培"等多种合作机制,相继建立了中德培训中心、舍弗勒(中国)培训中心、海瑞恩(太仓)培训中心、莱茵科斯特(太仓)跨企业培训中心等多个"双元制"教育培训基地,形成了"政府引领、双元参与、合同执行、成本分担"的双元制本土化校企合作模式,

构建了"中专、大专、本科"多个层次的技术人才培养体系，太仓成为我国最大的"德国职业资格"考试和培训基地，累计培育出3 000多名拥有国际通用的AHK证书的"工匠"人才，较好地满足了太仓企业对专业技术工人的需求，成功模式在深圳、青岛、成都等地示范推广。2019年秋季，由德国巴登-符腾堡州双元制职业大学、东南大学、太仓市人民政府和在太德企联盟共同开展的双元制本科教育合作项目将正式招生；由苏州健雄职业技术学院、德国多特蒙德应用技术大学、上海工程技术大学、AHK上海代表处合作共建的苏州多特蒙德应用技术大学正在有序筹建之中。同时，太仓与德国的教育合作开始向基础教育延伸，2018年全市首个中德友好幼儿园开园，目前已有筹建德国小学计划，多层次、全方位、高水准的中德教育合作网络正在形成。

**三、搭建服务中德中小企业的多元化合作平台**

高新区结合中德交流合作需求，全力推进实施"5421"对德合作载体平台建设工程，提供产业嫁接、科技创业、技术转移、人才交流等多元服务。"5"即五大中心，分别是已投入运行的太仓德国中心、史太白中心、中德精密机械部件设计制造国际技术转移中心和正在建设中的江苏—德国知识产权国际太仓服务中心、弗朗霍夫硅酸盐研究所江苏（太仓）国际技术研发转移中心，其中全球第八家、中国第三家德国中心自2018年6月正式运作以来，已吸引近30个德国项目落户；"4"即四大园区，分别指已建成的中德中小企业合作创新园、德国留学生创业园，以及正在规划建设中的中德制造业科创联盟产业园、中德先进制造技术国际创新园，四大园区将成为中德科技合作和高新技术企业培育的重要基地；"2"即两大办事处，分别指德国工商大会（AHK）太仓办事处和太仓驻德国办事处，二者已成为双方深化彼此了解、加强交流合作的前沿阵地；"1"即一个友城，在2017年德国太仓日上与于利希市缔结全市首个德国友好交流城市。

**四、形成中德文化理念相融合的人文社会环境**

高新区依托欧商协会等社会组织，积极发挥德资企业的交流纽带作用，推动德国先进技术、管理经验在高新区渗透，形成"太仓式精致"与"德国式严谨"交融的制造业发展理念。在太仓高新区，具有德国风情特色的城市绿化、商业网点、花园式住宅和休闲娱乐场所等已初具规模，德国人喜爱的香肠店、酒吧、面包房、餐馆也一应俱全。同时，太仓每年都会承办诸如"中德青年创新创业合作交流周""中德制造论坛""'一带一路'与新时期中德合作对话会""中德投资并购推介会"等国家级中德交流活动，富有地方特色的德国太仓日、太仓啤酒节、中德足球、乒乓球友谊赛、马拉松赛等各类经贸文化交流活动，已成为加深中德两国人民感情、达成中德各项合作共识的重要平台。目前已有近300名德国管理技术人才和200多名德国留学生在太仓工作和生活，一批德籍人士已把太仓当成自己的"第二故乡"。

同学们，改革开放是大势所趋，世界大同是大势所趋，在变革中发展、在发展中变革是大势所趋！但成功从来只属于那些锐意进取、准备充分又善于抓住机遇的人！如果我们认真研读德国工业发展的历史，我们不难发现，德国之所以能发展成现在的工业强国、世界第三大经济体，绝不是偶然的，德企文化中的严谨创新和追求极致完美的工匠精神也不是浪得虚名，一言以蔽之，德国工业的强盛是一个文化建设的系统工程，是数代德国人勤奋进取的结果。现在，德资企业已经来到我们的家门口，这是太仓经济的骄傲，更是太仓人和新太仓人难得的学习机遇。我们学习德企，不仅要了解德企的产品，更主要的是学习产品中蕴含的企业文化精神内涵，只有认真学习，才会取其精华，只有取其精华，才有可能靠近甚至超越！

愿太仓拥有越来越多的德资企业，愿太仓的德资企业文化能和太仓文化一起融合、发展，催生出本土企业文化和城市文化的文明之花！

【想一想】
1. 太仓高新区德资企业有什么特点？
2. 对于太仓而言，"德企之乡"会给我们带来什么样的机遇和就业方向？

## 第二节 "德企之乡"的发展历程

采访目的：了解太仓德资企业的基本情况，感知德资企业对于区域经济和文化的影响，进而感知市政府为了繁荣地方经济与文化，砥砺奋进、不断创新的精神。

采访对象：太仓市高新区招商局局长郁颖珠

采访时间：2017 年 12 月 15 日

采访地点：太仓市开发大厦

采访节选：

【学生】尊敬的郁局长，您好！感谢您接受我们的采访。自从 1993 年第一家德资企业落户太仓以来，到目前已经有 280 多家德资企业落户太仓，太仓已经成为中国德资企业最为密集的地区之一，因此享有"德企之乡"的美誉。众多的德资企业落户太仓，不仅对太仓的经济就业环境产生重大的影响，也对太仓的教育、文化乃至城市精神等诸多方面产生积极的意义。我的第一个问题是：请您介绍一下目前太仓的德资企业的总体情况，它们有什么样的特点？

【郁】德资企业入驻太仓已有 24 年。到目前为止，太仓已有 280 多家德资企业，并且每年基本上都有 20 多家德资企业入驻太仓。这些企业，除了舍弗勒公司较大外，大多数企业都是中小型的。这些德资企业在一开始投资时，投资额比较小，随后会慢慢增加。

总的来说，在太仓的德资企业有以下几个特点：

第一，从行业上看，太仓的德资企业主要有汽车零部件制造、高端装备制造、新材料制造，以及贸易、咨询、生活服务等配套行业。

第二，很多德资企业都属于"隐形冠军"。"隐形冠军"指的是这些规模不大，但在他们的那一个行业属于全球前三，在业界有话语权的企业。目前这样的企业在太仓就有 40 多家。

第三，这些德资企业都非常注重环保，基本上没有什么污染物排放，即使有，也是按规格处理。这些年，太仓的生活环境这么好，德企占很大功劳。

第四，德企对员工很人性化，很遵守劳动法。员工该有的休假都会为他们一一安排好。德企会关心员工们的餐饮生活，并且会经常举行一些活动，类似于"家庭日"这样的活动，让员工的家人来到企业，感受那里的工作氛围。还有种"弹性工作"，指的就是，你上班只要上满规定的时间，工作时间随你自己定。因此，相较其他的外资企业和民营企业，在德资企业工作往往是太仓市民更好的选择。

【学生】太仓能成为中国的"德企之乡"，不是偶然的，为什么要引进这么多德资企业？或者说，德资企业和别的国家企业有什么不同？作为招商局的领导，您在引进德资企业方面有哪些成功的经验与体会？

【郁】应当说，太仓能成为中国的"德企之乡"有偶然因素，也有必然原因，先说偶然原因，当初是因为江苏省与德国的巴登-符腾堡州建立了友好省州关系，有一家叫作克恩-里伯斯的德资企业，他们想在江苏找一个合适的地方，最终定下是太仓。因为太仓这个城市毗邻上海，有港口，交通便利。而且在这里投资成本较上海低得多，更主要的是，他们觉得太仓的环境和德国很相似，在太仓生活非常契合他们在德国的生活节奏。这位公司的老板正好也是德国巴登-符腾堡州的议员，克恩-里伯斯在太仓投资成功后，他又介绍了其他德资企业来太仓投资，这就是太仓能成为"德企之乡"的偶然因素。太仓能成为"德企之乡"的必然原因呢，首先，是太仓具有港口城市和毗邻上海等区位优势以及与德国自然环境类似的自然环境优势；其次，是太仓市政府认识到，德资企业具有占地少、产出高、技术先进、生产环保等优点，所以将引进德资企业作为招商引资的工作重点，加大引进德资企业的工作力度和加强对德资企业的服务工作，如果没有良好的服务，即使我们引进了德资企业，他们也会离开的，因此，为德资企业提供良好的服务，应当是我们最大的工作经验与体会。

【学生】俗话说，万事开头难，我们知道克恩-里伯斯公司是第一家入驻太仓的德资企业，我们想知道这家企业最初投资太仓的时候，有没有遇到过一些问题？又是如何解决的？现在这家企业发展得怎么样？

【郁】我是最近才到招商局工作的，以前遇到的问题我没有亲历，但是听说过，我想别的问题都可以通过政府的努力去解决，比如说人员招聘的问题、资金的问题、政策的问题、土地的问题等，但德企入驻太仓的最大问题是中西方文化的差异的问题，毕竟中国文化和德国文化存在着较大的差异。对于德资企业来说，完全用德国的经营管理理念来管理中国的公司，显然是行不通的，初次投资太仓的德资企业需要较长的时间去适应中国的管理经营方式，可喜的是，很多德资企业找到解决这一问题的方法，比如说很多德企任用有在德留学背景的中国人担任中高级管理人员；在教育方面，与本地的学校合作组成双元制学校，以便招聘到更合格的技术蓝领工人，现在，双元制教育已经从中专学校拓展到大专和本科。

至于说克恩-里伯斯公司，当初投资的时候只有50万马克、10个员工、约500平方米的建筑面积，现在已经发展成一个集团公司，有5个子公司，大约有800人。这家公司现在已经买了80亩土地。并且是一个纳税大户，去年纳了6 600万元人民币的税，在太仓纳税榜排第十二。当时，他们主要生产汽车安全带中的弹簧，现在逐步拓展到各领域的高科技弹簧、精冲及冲压件、冲压折弯件、卡环及纺织元件的生产和销售，可以说越办越大，越办越好。

**【学生】** 现在，入驻太仓的德资企业主要是工业产品制造业，今后，太仓招商局在吸引德资企业方面，会不会向其他行业拓展呢？

**【郁】** 当然会，事实上我们已经在着手做这方面的事情，比如说，德国中心在太仓落户，将为德资企业提供来自德国的金融、财务、法律方面的服务，为中小型德资企业投资太仓发挥企业孵化器功能；再比如说双元制教育，除了中专和大专外，我们政府还和德国的大学合作创办本科学校教育。今后，政府将继续拓展引进德企的内容与范围，向教育、文化、服务业甚至体育方面拓展，使得太仓对德合作的领域更广泛、内涵更丰富。我们这样做的最终目的并不是为了引进德企而引进德企，而是通过引进德企，学习德国的先进理念和技术，从而带动本土企业和文化、理念、技术的发展与提升。

**【学生】** 我们想知道德国企业究竟有什么样突出的企业文化。比如我们都熟知的工匠精神到底是什么样的精神？作为一个太仓市民，您觉得德企文化对于太仓的城市文化精神已经产生或者将产生什么样的影响？

**【郁】** 太仓的城市精神是"精致和谐，务实创新"，这和德企文化中的工匠精神是有共通之处的，工匠精神最重要的就是精致与精益求精，德国工业产品之所以质量好就是因为这种讲求精致的工匠精神。另外，还有创新的问题，只有在不断精益求精的基础上，才能不断创新，德资企业中那么多的"隐形冠军"，也在于他们能不断创新。作为一个太仓市民，我们很高兴看到德资企业文化对太仓城市精神产生影响。随着德资企业越来越多地进驻太仓，我相信，德企文化对于太仓城市精神建设的积极意义将更加广泛而深入。

【想一想】
1. 从行业上说，太仓的德资企业有什么样的特点？
2. 试分析太仓的城市精神和德资企业的工匠精神有哪些相同之处。

## 德企小知识·太仓德企大事年表

| 时间 | 事件 |
| --- | --- |
| 1993 年 | 首家德资企业克恩-里伯斯进驻太仓，厂房面积约 500 平方米。 |
| 1998 年 | 世界著名轴承制造商依纳轴承（中国）有限公司开业投产。 |
| 2001 年 | 太仓创办了中国第一家与德国职业技术教育同步的职业培训中心——太仓德资企业专业工人培训中心。 |
| 2006 年 | 江苏省太仓德资企业工业园设立。 |
| 2008 年 | 第 100 家德资企业——艾巴赫弹簧（太仓）有限公司落户。<br>中国商务部和德国经济部授予太仓中国首个也是唯一的一个"中德企业合作基地"称号。 |
| 2012 年 | 中国工信部授予太仓中国首个"中德中小企业合作示范区"称号。 |
| 2014 年 | 近 220 家德资企业入驻，总投资超过 20 亿美元。 |
| 2016 年 | 全球第八家、中国第三家德国中心在太仓正式开业。<br>在太仓的德资企业实现工业总产值超过 400 亿元人民币。 |
| 2017 年 | 德资企业超过 260 家，投资总额 30 亿美元。 |
| 2018 年 | 德福埃斯精密部件（太仓）有限公司成立，第 300 家德企落户太仓。 |

## 德企小知识·德国工商联合会

### 什么是德国工商联合会？

德国工商联合会（亦称行会、行业协会）是一个有国家法律依据的公法组织。德国所有工商业者都是该组织的成员。除了在经济和法律政治方面发表广泛的、原则性的意见之外，在特殊场合下，工商联合会经常是法院和当局的鉴定人。

德国的行会是德国政府对职业教育大学的管理机构；今天德国的行业协会是一个带有强制性的组织，在职业教育的管理机构中，行业协会具有八大职能：

① 负责培训企业的资格认定和监督
② 缩短和延长培训时间
③ 负责审查企业与学生之间签订的培训合同
④ 负责考核
⑤ 各行会都设立一个职业教育委员会作为决策机构，分别由6名雇主代表、6名工会代表、6名职校教师代表组成
⑥ 制定规章制度
⑦ 监督和咨询
⑧ 仲裁、签约

双方在培训合同问题上产生分歧不应上劳动法庭，目的是保护企业和学生之间的这种特殊信任关系。一般出现问题由仲裁委员会解决。由此可见，行业协会在职业培训中起着举足轻重的作用。

**职业教育背景中的行会**

德国的行业协会是以地区划分的，带有强制性。这些行会的任务是代表本协会成员的利益——企业利益的独立机构，维护和保持工商界久有的信誉传统，促进本行业的经济发展。行业协会除必须完成促进本行业经济发展的任务外，还承担一些国家委托的任务，职业教育就是其中最重要的一项。

自从德意志联邦共和国和德意志民主共和国合并后，德国共有83个工商联合会。德国工商业代表大会是他们共同的最高权力机构。

德国工商联合会作为公开的、合法的自治团体，其任务是：关心本区域内工业经济的总体利益，以及照顾其成员企业的利益。通过在全联邦德国进行区域性的划分，使它在特定的区域性的范围内发挥良好的作用。德国工商联合会在人员、财政和组织结构上是独立的。

2012年3月23日，由德国工商行会组织的AHK模具机械工技能加工考试，在德资工业园克恩-里伯斯弹簧有限公司举行，来自太仓中等专业学校模具班的26名学生参加了考试。据介绍，参加AHK模具机械工技能加工考试的合格者将获得该行会颁发的AHK德国职业资格证书。

［选自《德国行业协会以及职业资格证书详解》，德国GFM教育集团SKY学院网（2020年5月13日），有改动］

# 第五章 那些你不知道的德企文化

什么是企业文化？企业文化有什么意义？德企文化有什么特点？这是本章要探索的重点，也是我们这一课程需要感知的核心内容。

企业文化是在一定的条件下，企业生产经营和管理活动中所创造的具有该企业特色的精神财富和物质形态。它包括文化观念、价值观念、企业精神、道德规范、行为准则、历史传统、企业制度、文化环境、企业产品等。其中价值观是企业文化的核心。企业文化是企业的灵魂，是推动企业发展的不竭动力。它包含着非常丰富的内容，其核心是企业的精神和价值观。这里的价值观不是泛指企业管理中的各种文化现象，而是企业或企业中的员工在从事经营活动中所秉持的价值观念。德企文化，就是指德国企业的文化。总的说来，德国企业文化具有如下特点：

## 一、德国企业文化与德国社会文化的一致性

企业文化是亚文化，一个国家的企业文化必然与该国的传统社会文化密切相关。在考察中我们了解到，德国的企业文化受欧洲文化价值观影响很深。首先，欧洲文艺复兴运动和法国资产阶级大革命带来的民主、自由等价值观，对德国企业文化的产生和发展有很大的影响。其次，德国强调依法治国、注重法制教育、强调法制管理，在市场经济条件下长期形成的完备的法律体系，为建立注重诚信、遵守法律的企业文化奠定了基础。再次，宗教主张的博爱、平等、勤俭、节制等价值观念，在很大程度上影响了德国企业文化的产生与发展。最后，德国人长期形成的讲究信用、严谨、追求完美的行为习惯，使企业从产品

设计、生产销售到售后服务的各个环节，无不渗透着一种严谨细致的作风，体现着严格按照规章制度去处理问题的思维，这对企业形成独特的文化产生了极大影响。这几方面的结合，形成了德国企业冷静、理智和近乎保守的认真、刻板、规则的文化传统。德国企业文化明显区别于美国的以自由、个性、追求多样性、勇于冒险为特征的企业文化，也区别于日本的靠团队精神在市场中取胜的企业文化。

## 二、德国企业文化强调以人为本，注重提高员工素质，开发人力资源

德国企业文化十分强调以人为本，提高员工素质，这主要体现在注重员工教育，大力开发人力资源上。

德国企业普遍十分重视员工的培训。大众公司在世界各地建立起许多培训点，他们主要进行两方面的培训：一是使新进公司的人员成为熟练技工；二是使在岗熟练技工紧跟世界先进技术，不断提高知识技能。西门子公司在提高员工的素质方面更为细致，他们一贯奉行的是"人的能力是可以通过教育和不断培训而提高的"，因此他们坚持"自己培养和造就人才"。

德国企业在管理人才的培养与选拔方面也颇具特色。大众汽车公司除了最高决策层之外，拥有各方面的优异的管理人才。他们以高薪吸纳了大批优秀管理人才和科研专家，并为其发挥才能提供广阔的空间，使他们产生一种自豪感、凝聚力和向心力。西门子公司也特别重视对管理人才的选拔和录用。他们聘用的管理者必须具备以下四个条件：一是具有较强工作能力，特别是冲破障碍的能力；二是具有不屈不挠的精神和坚强的意志；三是具有老练的性格，能使部下信赖，富有人情味；四是具有与他人协作的能力。戴姆勒-克莱斯勒公司认为"财富＝人才＋知识"，"人才就是资本，知识就是财富。知识是人才的内涵，是企业的无形财富；人才则是知识的载体，是企业无法估量的资本"。所以，戴姆勒-克莱斯勒公司有一项好的传统，即选拔人才并不注重其社会地位的高低，而是注重本人的实际能力。

在尊重人格、强调民主的价值观指导下，德国企业普遍重视职工参与企业决策。在培训、考察中，我们所到的企业，不论是大众、戴姆勒-克莱斯勒、西

门子,还是高依托夫、路特等中小企业,职工参与企业决策是一种普遍现象。

## 三、德国企业文化强调加强员工的责任感,注重创造和谐、合作的文化氛围

德国企业文化体现出企业员工具有很强的责任感。这种责任感包括家庭责任感、工作责任感和社会责任感,他们就是带着这种责任感去对待自己周围的事物的。企业对员工强调的主要是工作责任,尤其是每一个人对所处的工作岗位或生产环节的责任。

德国企业十分注重人际关系,努力创造和谐、合作的文化氛围。例如,1994年,受世界石油危机影响,大众公司在德国本土的公司经济面临困难,需要解雇2万多名员工。然而,公司的员工在参与企业决策时却表示:宁愿减少自己收入的20%,把每周工作5天改为4天,也不要让那些人失业。

德国企业十分重视企业兼并、重组过程中的文化整合。为解决企业兼并、重组中的文化冲突,保持和谐的文化氛围,保证企业兼并、重组目标的实现,他们在公司并购、重组时,十分注重企业文化的融合。如德国戴姆勒-奔驰公司与美国克莱斯勒公司合并后,为解决两国企业在文化上的差异和冲突,成立了专门委员会,制订了3年的工作计划,通过加强员工之间的联系与沟通,进行文化整合。

## 四、德国企业普遍具有精益求精和注重诚信为本的意识,追求完美产品、提供一流服务已成为企业员工的自觉行动

德国企业非常重视产品质量,强烈的质量意识已成为企业文化的核心内容,深深植根于广大员工心目中。大众公司在职工中树立了严格的质量意识,强调对职工进行职业道德熏陶,在企业中树立精益求精的质量理念。西门子公司以"以新取胜,以质取胜"为理念,立于不败之地。就注重产品质量而言,戴姆勒-克莱斯勒公司非常有代表性。第一,他们认为高质量意识与员工的高素质是分不开的,十分注意培养具有专门技能和知识的职工队伍,千方百计提高员工的质量意识。第二,具有精工细作、一丝不苟、严肃认真的工作态度,这种态度几乎到了吹毛求疵的地步。第三,把好质量关,严格检查制度,做到层层把关。

通过培训、考察，我们发现，重视产品质量，追求技术上的完美是德国企业一种普遍的自觉意识。德国人爱好技术、钻研技术、崇尚技术的价值观已深入人心，引导其自觉的行为。

德国企业重视客户，注重诚信合作，树立创一流服务的企业精神，给我们留下了深刻印象。如高依托夫公司提出，"对于客户提出的要求，我们没有'不行'两个字"。

## 五、德国企业文化将注重实效融入管理，树立良好企业形象

德国企业文化建设特别注重围绕企业的具体实际进行。德国企业非常注重实际，他们以精湛的技术、务实的态度和忠诚的敬业精神进行经营。他们将企业文化建设融入企业管理，注重实际内容，不拘泥于具体形式，说得少而做得多。除此之外，德国企业还特别重视有效的形象宣传，那些在德国乃至世界各地树起的"奔驰""大众""西门子"等具有国际竞争力和时代气息的德国跨国集团的品牌标识，已经成为企业实力的象征。

总之，德国企业文化是规范、和谐、负责的文化。规范，就是依法治理，在培训中掌握法律条文并树立遵纪守法的意识，从一点一滴做起，杜绝随意性和灵活性。和谐，就是管理体制的顺畅，人际关系的和谐。负责，就是一种企业与职工双方互有的责任心，即职工对企业负责任，企业对职工也要负责任，企业与职工共同对社会负责。

在这一章里，让我们一起关注太仓的德资企业，更真实地感知德企文化。首先，我们邀请了资深职业经理人马国栋先生。马先生结合自己多年担任德企总经理的经历，从规则、细节、信任、员工关怀、认同感等角度让我们更加真实地了解太仓德企文化的特点。然后我们邀请了两位来自舍弗勒公司的德籍专家，分别介绍舍弗勒公司的精益生产管理和未来工厂，这让我们感受到了太仓最大的德资企业在生产经营管理方面具有超前眼光的核心管理理念与做法。如果说舍弗勒公司的精益生产代表着现代企业管理的核心理念，那么，未来工厂的尝试则代表着大公司对未来企业发展方向的探索与思考，在这两方面，舍弗勒公司都堪称太仓众多德资企业的标杆，值得我们每一位即将走向社会的年轻人了解、思考！

## 第一节　漫谈德企文化

### 【讲座·什么是德企文化】

主讲：威世兰（太仓）工业科技有限公司总经理马国栋

时间：2019年1月3日

【主持人】各位同学，大家好，我们大家都知道企业文化是企业的灵魂，是企业赖以生存和发展的支柱和核心。德资企业是工业制造领域的领头羊，我们研究德资企业，更多的要研究德企的文化。那么，德企文化究竟是怎样的？有什么特点和表现形态？我们要从德企文化中学到什么？今天，我们很荣幸地邀请到了来自德国威世兰（太仓）工业科技有限公司的总经理马国栋先生，马先生是资深职业经理人，曾在多家德资企业担任财务总监、总经理职务，相信他的讲座一定能给大家了解和研究德企文化带来新的启发与思考，让我们用热烈的掌声欢迎马先生给我们带来精彩的讲座！

大家好，我叫马国栋，年龄肯定比大家大了不少，各位可以喊我老马，老马识途的那个老马。

我来自咱们太仓一家小型的德资企业——威世兰（Westland），它是典型的德国公司的样子，看公司的俯瞰图没咱们太仓一个乡镇大。我们公司总部位于德国北部的下萨克森州的中部，是一家典型的中小型家族企业。

公司主做橡胶制品，首先是橡胶胶辊，就是在金属辊子上面包覆橡胶；还有套筒，主要是在玻璃纤维上包覆橡胶。这些主要是用于印刷、包装行业，胶辊或者套筒在设备上运转，起到传递化学介质或者机械传动等功能。

我们还有一些精密级别的橡胶零件产品，要求也是特别高的，因为主要用在一些测量仪器或者控制仪器上，这些仪器对橡胶部件的精度、耐久度、稳定性都有很高的要求。

大家经常会听到"百年老店"这个说法，特别身处号称"德企之乡"的太仓，很多在这里投资办厂的德资企业，大多会宣称自己有百年甚至几百年的历史，它们基本都没有吹牛。

德国经历过两次世界大战，而且每次都战败了，所受到的破坏也很严重，他们的企业何以能历尽劫难，生存和发展这么久？有这么旺盛的生命力，凭的是什么呢？

这个题目其实是非常非常大的，估计够写好多篇博士论文了，今天我们只有短短几十分钟，我选择一个和这个有关的话题：德企文化，并且选择一些我能表述得清楚的案例或者要点，和大家泛泛地交流一下。

很多人都知道德企一向注重细节把控，特别是关于质量方面的细节把控非常严谨，的确是这样。比如，我们企业的一件产品就有6项主要的指标要求，甚至对于测量工具的品牌和类型都有明确的规定，以保证测量结果的可靠性。

我们这个指标，有点像咱们学校考试的判分标准，符合了就有分，不符合就没分或者扣分。但是不同的是：考试答对一道题，或者有些题目答中一个点，就会给一些分，总分加起来可以优秀、良好、及格或不及格；但产品质量检验的所有指标中，哪怕只有一个指标不合格，这个产品整个就是不合格的。

看似有些吹毛求疵吧，但是也能理解，比如说，同学们手里使用的水笔，大家想想应该有哪些具体的质量指标或者要求呢：笔身的长短和粗细，水笔芯的笔尖大小，墨水下来的速度，墨水颜色的深浅，等等。假设其中有一项指标不合格，比如墨水下来的速度太快，那这支笔芯就算是不合格品了，无论它的墨水颜色多么正确、笔尖的大小多么精准，笔芯自身的长短多么合适，都没用。

要求的细节这么多又这么严格，怎么才能做得到呢？规则是完成目标的基础，或者说是保障。无论某个工作简单还是复杂，都是大家合作才能完成的，没有任何一个工作是完全由一个人独立完成的。比如说讲台上放的这瓶水，按照最简单的过程描述：它是由学校的行政部门买来，再由负责安排本次讲座的老师放在这里，如果我把它喝掉了，还得有打扫卫生的阿姨或者同学把瓶子收走。这么简单的一瓶水的工作，就至少涉及了3个人。

如果事情更为复杂，就更需要合作了。那么，大家要怎么才能合作呢？

那最起码的，得一起约定好规则：你负责做什么，我负责做什么；你有什么权利，我有什么权利；还有更重要的是，你具体该怎么做，我该怎么做。在这方面，这些历史悠久的"老德企"们，做得都比较好。

胶辊在机器上的自转速度是在每小时3万至4万转乃至更高，未遵循标准生产出的不合格品可能会导致难以预料的损害——比如说在转动中抖动或者跳动得厉害，这支胶辊既起不到它本来该有的作用，还有可能伤害整台设备，那么这是对用户非常不负责任的，造成的损失可能是这件产品价格的几百上千倍。

可见，对于规则的遵守，有多么重要。

我们很多同学都打篮球吧，还有踢足球的，还有更多的是打LOL的吧。其实打LOL也是一种团队合作，大家经常说，"不要成为坑，坑队友"，还有什么"不怕神一样的对手，就怕猪一样的队友"。做这些事情，即使成为坑了，下次还有机会改正，但是在真正的工作中，你一旦成了坑，有时候改正的机会就微乎其微了。

各位同学很多人家里都有车，每辆车都有四个轮毂，每个人都曾经和家人上过高速，大家现在都还好好地坐在这里，是因为那些做轮毂的工厂，每一个工人对规则的遵守，当然，大家也不用感激他们，因为这是他们每个人应该做到的。

如果我们遵守规则，能够达到工作要求，那接下来是不是就要考虑持续不断地一直能够达到工作要求？如果能做到这样的话，我们是不是就可以说："你一直这么靠谱，你就是可以信任和依赖的。"这种信任，包括你的上司的信任——会愿意交给你更厉害、更露脸的事情，还有同事的信任——更愿意和你共事和配合，还有客户的信任——愿意给你更多的订单和生意。

在德企，有一个理念上的问题蛮有趣的，就是对于如何获得信任，认识是有些不一样的。

我们的同事在刚刚加入公司的时候，基本都会感觉受限制的方面太多，有很多规则和条条框框要遵守，很多的事都不能随心所欲地自己独立做决定，这些都是初级员工普遍的感受。之后在逐步完成公司工作和任务的同时，员工不但发展了自己的能力，也会得到更多信任，就有了更多的决定权，或者说自由度，就变成了资深员工了。这是一个必不可少的过程。

这个过程听起来还是有些艰苦甚至无聊的。没办法，作为个人，只能选择去接受，去努力；不过，作为公司，尤其是德企，在帮助员工成长方面，还是有一些方面做得蛮好的。

帮助员工成长，专业一点的说法就是职业发展，主要的手段就是培训，包括内部培训，如上司带下属，资深的带初级的，类似于师傅带徒弟。

企业花费资源，包括金钱和时间，去培训员工，员工能力提高了，就能更好地工作，回报公司。看起来这是一个完美的闭环，但现实有时候也有一点不一样。

这种事情发生过，而且还在发生，就拿咱们太仓本地的德企来说吧，最初进来的一些德企，都经历过这种事情，培训好的员工，不少人去了另外的企业，也包括后来新办的德企，但是，几乎没有企业会因此而停止培训方面的投入。

德企对于这一点的认识还是很深刻的，而且随着时代演进，被培训的员工也不会轻易离职了。因为通过培训，他至少能感受到公司对自己的期望，能看到自己的职业发展前景；而如果选择离开，比如说仅仅为了其他公司给的那百分之十几或二十的工资涨幅，反而可能会有更大的风险。

作为员工本身来讲，确实需要不停地学习和提高，因为时代在不断进步，知识也在不断革新。如果需要公司帮助进行培训和提高，那么至少要具备被培训的资格，或者说，要做好准备。什么意思呢，比方说，公司要培训你组装一套零件，你至少要能看得懂图纸，知道直径、角度及一些换算关系和公式；要培训你做进出口订单，你至少要有外语基础；要培训你给客户写封公函，你至少要有写作基础。相信我，真正轮到使用这些基础知识的时候，如果你不是主要靠自己，而是绝大部分在百度上查找，会非常辛苦。其实，学习这些基础知识，都是一点一点逐步开始的。

我们为了提供真正有价值的产品，会非常注重细节，而为了保障细节能够实现，我们需要坚守规则，并达到可以信任的程度。这些都只有依靠优秀的员工才能完成，为此，我们需要员工得到不断的培训和提高。此外，还有员工关怀，也是直接体现外界所传闻的"德企人性化管理"的地方。

我这里选择了两个最简单的案例。一个是在家庭日，公司邀请员工带着自己的家属，包括配偶和孩子，来公司参观，然后一起聚会，最好再做一些有趣的游戏。家庭日的目的和宗旨，就是让家人了解员工的工作：工作环境怎么样，辛不辛苦，大概做些什么内容，是不是很有趣还是很无聊，等等。

前面所谈的，基本都是说员工要获得公司信任，其实公司也希望获得员工信任——那么，家人对公司的了解、认可乃至信任就非常重要了。

家庭日的做法，不光能让公司获得更多的认同度乃至忠诚度，进而员工可能会有更好的工作效率；反过来，也会有利于同事的家庭和睦——都说理解万岁，但理解之前先要了解嘛。家庭日就是一个非常好的了解途径。

第二个案例，是我们公司总部一位工程师来中国出差，恰好那天就是他加入公司工作整整30年的日子，记得那天他很激动，我们先是佩服，之后都在想：是什么原因或者动力，才会让一个优秀的工程师甘于30年兢兢业业地在一个公司工作呢？

其实这种事情，在德国还是蛮普遍的，有很多人终生在一个公司工作，甚至有些人是连续两代、三代在一家公司工作。我们经常听人讲"工匠精神"，就是将一件事情做到极致的精神，但大家要知道，这个精神不是吹牛就能做到的，需要多少年如一日的训练、提高，那么每隔一两年、两三年就换份工作，恐怕是没可能达到"工匠精神"那个水平吧。

可想而知，只有在企业和员工之间的互相认可程度很高的情况下，才会有这么长时间的互相陪伴。

那么，员工真正认可企业的到底是什么呢？

我们常说文化源远流长，生生不息，那么德国文化，再缩小到我们要谈及的德国企业的文化，是支撑企业生存和发展的一个重要因素。正因为企业对自身文化的坚守，员工对企业文化的认同，才使得众多老的、传统的德国企业，在不断变化的时代里，始终保持着强大的生命力和竞争力，这一点非常值得中国企业或者类似机构，以及我们个人去学习和参考。

最后非常希望，这一次交流能够帮助大家对学校外的世界，特别是我们太仓的特色之一"德国企业"，多一点实际的了解。虽然这些了解还只能算是浅尝辄止，但是也许能够让大家从此开启对现实和未来的了解和思考，并且开始自发地去找寻学习的目的。因为更多了解世界的过程，也是更深入了解自己的过程，也许不久后的一天，你会发现，自己将要成为什么样的人。

【想一想】

1. 在讲座中,马国栋先生从哪几个方面阐述了德资企业文化的特征?其中,你印象最深刻的是什么?为什么?

2. 对于德资企业文化,你有没有别的认识?你理想中的企业文化应该是什么样的?说说理由,试讨论。

## 第二节 从"舍弗勒"看德企的精益管理

**【讲座·精益管理和未来工厂】**

主讲：舍弗勒（中国）有限公司精益生产工程师
亚历山大·斯塔乌斯杰克（Alexander Starosczik）先生
时间：2018年11月30日

**【精益管理篇】**

【主持人】大家好，今天我们很荣幸地邀请到来自舍弗勒公司的精益生产管理工程师 Alexander Starosczik 先生，来给我们做一个关于精益生产的讲座，同时他还要给我们介绍一下关于舍弗勒公司的情况。我们大家都知道，精益生产管理应当是企业生产管理的一个核心概念，舍弗勒公司作为太仓最大的德资企业，在精益生产管理方面也做得非常突出，因此，相信 Alexander 先生关于舍弗勒公司的精益生产管理的讲座能给我们带来一个新的视角，让我们了解什么是精益生产，让我们了解舍弗勒公司，让我们了解精益生产管理对企业的意义和作用，对我们研究企业文化大有裨益。现在，让我们用热烈的掌声欢迎 Alexander 给我们带来精彩的讲座！

下午好，很高兴在这里见到你们。我是德国人，住在太仓，在舍弗勒公司工作，这是一家提供汽车配件的公司，今天下午我很荣幸在这里介绍我们公司及我在公司所做的工作。我是去年三月来到中国的，在2012年和2015年，我也来中国工作过。

舍弗勒公司正在生产的产品涉及三个主要领域：第一部分是关于汽车工业产品制造领域；第二部分是售后服务领域，比如汽车维修部件；第三部分是关于其他工业产品领域。

那么，也许你们会问，说了这么多，在中国我们现在到底生产什么完整的产品呢？可以说，几乎所有的汽车都会用到我们公司的产品，如果没有我们公司的产品，汽车就不能运行了。但这些，客户们是看不到的，因为这些产品总是掩藏在汽车里面，这些机械或者电子的部件你们是看不到的。工业领域，我们主要生产工业用的轴承，轴承是我们公司建立初期的产品，任何一个需要转动的机械产品都会用到轴承。我们公司生产的内径只有1毫米的轴承，适用于牙医，如果你的牙齿需要钻一个洞，这个电钻就需要用到这种轴承（希望你们不会用到这个）。最大的轴承主要用于风能发电机，你们看到的那些风能发电机，也许就用的我们公司生产的轴承，这种轴承直径有6到7米。

公司在上海安亭的研发部门，建立于2007年，有超过700名当地的工程师和专家在那里从事产品研发工作。太仓公司的一厂，建于1998年，位于市中心，接着，公司在太仓建立的二厂、三厂和四厂。

在人才发展方面，我们公司为员工在不同领域提供不同的发展可能性，为员工的发展提供多样化的发展渠道。比如专家，就是专门从事某一领域专业技术工作的人，我们有专门的领导团队培养他们。比如说我们会为毕业于中学或者大学的员工提供更多的培训机会，我们在太仓、苏州、南京、银川和湘潭都建有培训中心，通常针对的是毕业于中等专业学校的员工，或者是想获得学士学位的员工，他们都有可能在公司获得培训升学的机会。

公司未来关注的几个方面对于我们的业务发展十分重要，未来我们公司主要关注的是：<u>高效驱动方面，有关未来驱动的解决方案，人们在明天更为便捷的交通方式。</u>

第一个方面，我们关注的是环境友好型驱动，就是让未来的汽车更加经济、更加环保，比如说用电动汽车取代传统的内燃机汽车。

第二个方面，我们关注的是城际交通，我们知道现代城市正变得越来越大，城际交通显得尤为重要，比如说通过乘坐飞机、轨道交通和其他非公路机械来缩短通勤时间。

第三个方面，是城市交通，我们希望更加便捷，在这方面，我们将致力于发展两轮车辆、市内轨道交通和微型汽车。

第四个方面，是关于能源链方面，是指一切与能源有关的领域，比如风能、太阳能和传统能源。

我们对未来思考的第一个关键词是"电驱动",随着电驱动的发展,它在未来将扮演越来越重要的角色。越来越多的汽车公司正在改变他们传统的生产汽车的方式,使他们的产品的生产和销售更利于环境保护。第二个关键词是"工业4.0",这一概念的目标是使我们的生产过程更加自动化和智能化,我们将在这方面给客户提供解决方案。第三个关键词是"数字化",就是我们通过配备数字智能化及传感器技术的组件,使得内部流程和生产设备数字化,从而提高生产效率。

以上是关于舍弗勒公司的介绍,大家有没有关于舍弗勒公司的问题?下面我想介绍一下我现在的工作,我在舍弗勒公司从事的工作叫作MOVE。MOVE就是精益生产,这一概念来自日本丰田公司,大家也许知道,40年前,丰田公司开始用精益生产的方式来进行生产管理,提高生产效率。我们部门所做的就是通过持续改善我们的生产流程,使得我们的生产更有效率,更加节约成本。

我们为什么要不断改善生产流程,为什么持续改善生产流程是必要的?其实,当我们开始发明汽车的时候,对汽车的持续改进就开始了。这一改进在不断地进行,使得汽车更加方便人们的旅行或其他生活,这才有了我们现在汽车的样子。而现在我们要思考,明天更便捷的交通工具是什么?是不是比现在的更好,更有效率,更灵活?我们很难确定未来的汽车是什么样子,也许会有更多的无人驾驶汽车,也许会有可以飞行的汽车;但是我们可以肯定的是,如果我们不去持续改善汽车,我们的竞争对手是会持续改善的,那样,我们就会失去发展的机会。因此,对于公司,我们必须不断改善。

在我们部门,MOVE就是关注成本和交付服务,这和我们客户的利益是一致的。我们希望员工富有责任感,避免浪费,生产过程零过错,以及与客户需求保持同步性。这些要求都是基于产品质量优秀这一基础。

要理解精益生产,我们必须理解什么是浪费。因为我们工作中有浪费,所以我们才会谈及精益生产。在生产过程中,有八种浪费类型,我们只有克服了这八种浪费,才会使我们的生产更有效率。

第一种叫作过度生产,意思是我们生产过多超过客户需求的产品。

第二种叫作过多的流程,比如说几个人共同做一个流程,但是这个流程只要一个人就够了。

第三种叫作不必要的运输，意思是把货物从一个地方运到另一个地方，然后再从那个地方运到别的地方，在这个运输过程中不会产生任何价值。

第四种叫作等待，比如说等待原料生产、员工某时因为找不到工具而等待，或者等待领导的批准，等等。

第五种叫作次品或重复工作，比如说客户发现的次品，这也是一种浪费。

第六种是不必要的搬运，比如说公司里的产品从一个地方搬到另一个地方，要花时间，这也是效率不高的。

第七种叫作较高的存货，是指那些在工作场所用不到的多余的材料。

第八种叫作未被开发的员工的潜能，比如说本来可以做高质量的工作的员工却做着简单的事情。

这就是生产流程的八种浪费，我们部门做的就是分析生产过程然后试图消灭这八种浪费。因为这样才能提高生产效率。比如说我们看到很多箱子堆在厂里，箱子里有很多存货，有很多不用的材料。然后，经过我们重新整理，每个材料都有序地陈列着，每个人都可以很快地找到它。——这只是一个例子，说明我们如何优化员工每天的工作，使工作变得更容易。

总的来说，每个生产过程都会有各种浪费，60%—70%的浪费属于明显的浪费，我们要消灭它们。这部分的浪费，客户是不会买单的。我们还有一些隐性的浪费，这种浪费对于产品增值不是必需的。比如说，机器的设置、给机器做一些改善使之生产不同的产品。这种隐性浪费我们还是要试图减少它。我们还有很少的绿色部分的浪费，是属于增值的浪费，在生产过程中是为了增加产品价值而形成的浪费，我们需要改进它。

这就是我们部门主要做的事情，不管是办公室还是制造车间，都要分析生产流程，看看如何优化流程。

感谢大家听关于我的工作的介绍。如果有什么问题，请提问。

【学生】舍弗勒公司有什么样的特点？

【Alexander】我觉得舍弗勒公司的特点是我们是一个国际性大公司，但是我们是家族企业。我们公司有成为全球性大公司的优势，但我们仍然一直关注产品质量的发展，很久以前就是这样。

【学生】我想问一下,舍弗勒公司的经营理念是什么?

【Alexander】未来驱动,就是为客户提供未来的交通方式。

【学生】为什么舍弗勒公司能在中国有这么快的发展?

【Alexander】很好的问题,不容易回答。我想之所以有这么快的发展是因为中国有巨大的市场,在过去的20年里,汽车的需求增长很快,我们顺应了这一发展潮流。然后还因为我们有稳定的客户和精良的产品及良好的产品服务,这可能就是我们在中国发展快速的原因。

【学生】我们想知道未来舍弗勒公司在全球的发展前景?

【Alexander】在过去的十几年里,我们公司几乎每年都会在全球某地建一家工厂,公司的发展当然要看整个世界的经济形势,但我们的想法是,在当地发展,服务于当地。当然作为一个国际化的公司,我们有很多机会,我们相信德国公司可以在中国投资,中国公司也可以去德国投资发展。

## 【未来工厂篇】

主讲:舍弗勒(中国)有限公司未来工厂设计师

Christian Gladow 先生

时间:2018年12月20日

【主持人】各位同学,大家好,今天我们很荣幸邀请到来自舍弗勒公司的负责未来工厂设计的工程师 Christian Gladow 先生,他将给我们做一个关于未来工厂的讲座。未来工厂是"工业4.0"的标志,是一个很新的概念。现在让我们热烈欢迎 Christian Gladow 先生给我们做讲座!

大家好,我很高兴,也很荣幸给大家介绍未来工厂。首先我想向大家简单地介绍一下舍弗勒公司,可能很多同学已经知道了关于舍弗勒公司的一些情况。舍弗勒是一个想成为现代工业技术领导者的公司。2017年一年,舍弗勒公司就申请了2 400多项专利技术。舍弗勒这一年的专利技术申请量在德国工业领域排名第二,我们在全世界有92 000名员工,其中14 000名在中国工作。在中国我们已经在5个城市设有工厂,当然太仓的工厂是其中最大的,有超过6 000名员工。我们公司是做什么的呢?比如说大家每天坐公交车来上班或者你的父母开车送你,这些车里可能就有一到两个零件是我们公司生产的。比如说你去看牙,牙医用的电钻里的轴承，可能也是我们公司生产的。

我们公司已经在全世界170多个地方建厂，为什么我们还要为年轻人建厂？这样的厂就是我们所谓的未来工厂。为什么我们要从现在开始建一个和我们以前建的不一样的工厂呢？有很多的理由，这些理由可能在座的各位都会很感兴趣。

我们要说的第一个理由是：

"数字化"

现在，我们绝大多数人的生活都和App、网络联系在一起了。每个人都会用更便捷的方式沟通，比如说微信，这也就意味着公司原来的沟通方式也会随之发生变化，不能仅仅通过电子邮件，还可以通过别的方式，所以我们需要根据这一情况调整。

第二个理由是：

"灵活性"

当年轻人进入一个公司，他们希望有更加灵活的工作环境，他们需要自己决定什么时候工作，怎么工作，工作多长时间，这些问题他们都希望更灵活一些，他们希望有更多的可能性。

第三个理由是：

"合作"

当年轻人进入一家外企后，他们要和来自全球各地的同事一起工作，这些同事来自欧洲、美洲或者非洲，他们每个人都对工作环境有不一样的期待。进入外企的年轻人需要和这样的团队一起工作。既然是要和一个团队一起工作，你就需要和团队成员团结协作，你还需要一个可以更容易一起工作的空间。

那么，未来的工厂究竟是什么样子的？怎样才能满足这三种需求——数字化、灵活性、合作？我们要增加工厂的"吸引力"，就是让你喜欢去那里；当然，我们还要"经济性"，公司需要赚钱，不希望成本太高；还有"可持续性"，就是我们需要对环境友善，不要太多的噪音，没有太多的浪费。

问题是，未来工厂到底是怎样的呢？每个公司对未来工厂的理解都是不一样的，但都有三个共同的目标：为数字化准备，为年轻一代提供具有吸引力的工作场所，以及为年轻一代加强跨专业的沟通。你们可以认识到，当你们毕业以后,当我们谈论未来工厂的时候,这就是一次最重要的跨专业沟通。

我可以向你们描述一下未来工厂的情景:

一进入舍弗勒公司的正门,员工就可以看到大大的舍弗勒的牌子,工厂所有的墙壁都是玻璃的,方便员工工作之余从办公室里欣赏漂亮的户外风景。此外,幼儿园、小学、中学、医院等配套都靠近工作地点,生活极为方便。工厂里还有自动化的设备和机器人等,你将和它们一起工作。还有一件很美的事情,就是每个人工作之余,总想获得很好的休息时光,所以,我们也设置了一些很美的餐厅、咖啡厅、酒吧等休闲娱乐配套。

我今天的陈述差不多结束了,在结束我的陈述之前,我想问大家一个问题,你希望将来的工作场所是怎样的?或者应该是怎样的?

【想一想】
1. 舍弗勒公司的精益生产管理理念及做法对你的学习和生活有什么启发?
2. 未来工厂代表着未来工业发展的潮流,未来工厂的建成对你将来的职业生涯规划有什么启发?

## 德企小知识·什么是"太仓欧商会"

### 采访欧商会副会长沈亚女士

采访目的:了解太仓欧商会功能及意义,深入感知欧洲企业特别是德资企业对太仓经济、文化的影响,深入了解欧商会对于太仓外向型经济的发展、太仓的企业文化建设和城市文化建设所发挥的积极意义。

被采访人:太仓欧商会副会长、欧亚瑟水艺(太仓)有限公司总经理沈亚女士
采访地点:欧亚瑟公司会议室
采访时间:2018年6月8日

【学生】沈总您好,首先感谢您接受我们的采访,我们的第一个问题是:为什么要成立太仓欧商会?

【沈】太仓欧商会在2008年成立,到现在已经10年了,当时为什么要成立欧商会呢?因为当时很多外资特别是德资企业被引进太仓后都会有某种疑虑或者担忧,他们觉得有很多东西需要学习,他们就希望那些先来的企业能够分享。基于这种目的,我们建立了这样一个平台(欧商会)来分享信息。这个平台的结构是有一个董事会,董事会有一个主席和两个副主席,主席是克恩-里伯斯的总经理张总,克恩-里伯斯是太仓的第

一家德资企业，现在有83家企业加入了欧商会成为会员单位，运作形式是每个月都有一次交流活动，会邀请一些好的专家或者学者、教授来做讲座，就像我现在这样。每个人都要学习，哪怕做到老总也要学习，因为国家政策在变，经济形势在变，规章制度也在变，所以每个月我们会有这样一个聚会。会员单位会轮流组办这个活动，昨天就举办了一次活动，从下午开始到六七点结束，请专家演讲，同时还会参观主办方的企业，提一些改进意见。还有就是大家分享，有时候还会请政府有关部门对有关政策做一些解答、讨论，（每次的活动）基本上就这样。PPT展示、工商企业的相互采访，还有实地参观（就像今天你们来参观一样），还有一个就是组织各类培训。我们会找一些比较好的培训，比如说关于质量ISO的培训；精益管理的培训，就是lean，就是怎样把公司运作得更加高效、简练，lean英文是瘦身的意思；还有HR方面的培训，这些我们都在做。每个人，哪怕做到CEO也要学习。有句话说得很好，学习是每个人终身的一种生活方式。通俗地说，就是活到老学到老，不然就会被社会淘汰，而且当社会淘汰你的时候，连一句"再见"都不会说。

【学生】成立至今，该商会主要在哪些领域取得了什么样的成就？

【沈】第一，欧商会不是一个企业，它不会去追求经济上的成就，正如我刚才所说的，成立的最大的目的就是成为政府和德企之间的桥梁，希望通过它去沟通、解决企业的问题。它是一个平台，所有会员可以在这个平台上互相了解，分享一些信息，甚至可以做生意。也可以邀请一些专业人士就一些问题进行讲解。欧商会就是一个平台、桥梁、窗口。包括它和德国工商会、欧盟工商会，都有一些合作和沟通。通过这个平台，（让企业）更好地了解太仓、太仓政府，了解太仓的德资企业群体。

【学生】今后，随着太仓中德合作更加广泛而全面，太仓欧商会还将发挥什么样的作用？

【沈】其实，因为整个社会在不断向前发展，外部环境在不断变化，所以一个组织也好，个人也好，它的作用必定是与时俱进的。当外部环境在发生变化的时候，当会员的需求也在发生变化的时候，它的功能和作用也要相应地发生变化。比如说，最近几年，德国"工业4.0"概念提出后，我们举办过关于"工业4.0"的论坛。接下来，比如说关于中德培训、双元制培训，大家可能听说过双元制培训吧，最近张总（欧商会会长）也在朝这方面发展。我们太仓的孩子以后会很幸运，有两种选择，一种就是直接读书读上去，另一种就是走德国双元制的路子。太仓以后会越来越好，马上会有两所大学进驻太仓，生活在太仓应该是很幸运的。如果你们以后好好学习，会比其他城市的孩子近水楼台先得月。

【学生】自从首家德企（克恩-里伯斯）进驻太仓，到现在太仓已经成为德资企业在中国最为密集的地区之一，作为一个德企的职业经理人，您是怎样看待欧亚瑟公司的发展和太仓这座城市的发展的？

【沈】我们公司在 2007 年成立的时候只有几个人，现在有 200 多人，第一年的时候产值只有一千万不到，现在已经达到两个亿了。每年的增长基本上都达到 30% 以上。这是我们公司的发展情况，员工方面可能不会很快地增长了，因为接下来我们要走自动化、信息化的道路。为什么大家都在谈"工业 4.0"，为什么我说你们这个年龄一定要好好学习，因为这些简单的工作会被机器人代替。现在去车间看还有很多人在做操作工，以后做操作工的机会都没有了，机器人比人听话多了，不会口渴，不用上厕所，不会喊疼，不会喊累，只要你给它电、上点油就行了。这些就是趋势。等到你们到了我这样的年龄，再回忆 2018 年 6 月 8 号下午我今天说的话，你们就会知道我那时说的话都兑现了。所以，如果打算找简单工作，以后没有这个机会了，都被机器人替代了。今后社会老龄化了，你们知道老龄化吗？因为我们现在国家的家庭结构是 4－2－1，就是一个独生子女、两个父母、四个老人，所以等你们到我这个年纪时，是社会老龄化最严重的时候，也是你们负担最重的时候。所以那时候要想过好的生活，找个好的工作，现在就得努力，不能到那时候才想起来努力，就晚了。你爸妈现在还有钱养活你，但你爸妈总有一天会老去，而且他们老的速度可能比你想象得要快。所以到那时候，只有你一个孩子，你以后怎么办？对公司而言，只要有生意，它永远会找到好的员工，但对于我们自己来说，我们没有像公司那么多的资源，我们需要提前规划好自己的人生，其实公司也一样，公司每年都要提前做至少三年或者五年计划，因为你只有规划好，才会有目标，有目标才会有努力的方向，你才能把资源投入进去，然后才能达到你的预期，否则，你是永远达不到的。人也一样，需要有个提前规划，没有规划的人是没有前途的，一个人只有等你定下目标的时候才是有方向的，有方向才会有动力。

【学生】我们听说德国有个德国工商行会（AHK），在太仓也有办事处，请问这个行会和太仓欧商会有什么相同和不同的地方？这两个行会之间有没有合作和联系？如果有，有什么样的合作和联系？

【沈】德国工商会是有德国政府背景的，只要德国公司在什么地方投资了，德国工商会就会去那里，为什么？它是去协调德国企业投资方和当地政府的关系的，特别是经济上的关系。比如说有纠纷了，比如说当地政府出台了什么政策对德国公司不利，德国政府就会通过这个工商会出面协调。而（欧商会）是民间的，而且只是基于太仓的。德国工商会可以在全球各国设立分会，比如在中国，它有北京分会、上海分会、深圳分会，哪里德国企业多，它就在哪里设有分会。现在的德国工商会上海分会和太仓之间就有合作，什么合作呢？我们叫 workshop、training，对，就是培训，针对德资企业的培训。AHK 只有德资企业才可以加入。我们的欧商会，只要是欧洲的企业都可以进来。我们一年的会员费是 4 000 元，德国工商会好像也是 4 000 元的会员费。德国工商会上海分会在太仓设有办事处，德资企业的员工如果要办签证可以通过这个工商会很快就办好，因为他们和德国大使馆之间有绿色通道。我们每个月也都会邀请德国工商会的人过来举办一些活动，包括慈善、培训等。

【学生】德国有个"太仓日"，我们想知道这方面的情况。

【沈】你知道它设立的目的吗？

【学生】发展和德企的关系。

【沈】不是。德国"太仓日"是太仓政府在德国举办的，目的是招商引资，是promote（宣传）太仓，为了吸引德国企业到太仓投资。太仓政府每年会选一天到德国所有的城市进行宣传，在这一天，会邀请德国的经济学大咖过来宣传，中国驻德国的大使估计也会去，太仓的一些好的德资企业，比如说克恩-里伯斯总部也会派人去，然后还会邀请德国当地比较有影响的但还没来太仓的企业去。"太仓日"还会播放关于太仓的介绍，关于太仓的知名德资企业的介绍，反正就是一种营销，是marketing，不是为了促进两国友好的，但显然会达到这个效果，而这不是目的，目的是招商引资。太仓现在有两三百家德资企业，不是自动增加的，很大一部分是招商引资过来的。还有问题吗？没问题我问你们，你们对自己的人生有什么打算或者规划？

【学生】我们不是很清晰。

【沈】不是很清晰？这算是如实回答了，像你们这个年纪不可能清晰，我在20岁、30岁的时候也不是很清晰。因为路是一点点走出来的，但有一点我想和你们分享一下，我相信你们被推选出来，说明你们也是优秀的学生，每次做决定的时候一定要问问你的内心，你自己到底想做什么？你的内心会告诉你，你想做什么？一个人来到世上，老天一定会给你一种特别的技能，你需要慢慢地发现你自己，然后你觉得你擅长做这个，你就可以以这个谋生，甚至可以变成这个圈子里一个小有名气的人。如果这样，就算是成功了。只要用心，就会成功。

【学生】感谢沈总接受我们的采访！

> 【想一想】
> 1. 太仓欧商会是一家什么样的机构，它在德企之乡发挥什么样的作用？
> 2. 除了欧商会以外，你还了解太仓与德资企业有关的哪些机构或者组织？了解他们的功能与发展后，你对德企之乡有了怎样新的认识？

# 第六章　德企需要怎样的人才？

何为人才？对于人才的评判，因为标准不一，所以难有结论，但一般来说，人才是那些能对单位、对社会、对国家有贡献的人。作为德企之乡的太仓，鉴于德企有较好的福利待遇及人性化的口碑，太仓大多数年轻人毕业后可能更愿意进入德企工作，那么，德企欢迎什么样的人才呢？笔者记得曾经和一个印度人探讨过这个问题。他是一家较大外企的部门负责人，人到中年，健谈，事业上也小有成就，他认为，人才，最重要的不是这个人有多聪明，而是能吃苦耐劳，勇于担当。换句话说，那些曾经在学校里成绩很好的人，在大家眼里很聪明的人，进入职场后，也许不能成为单位里的人才，因为他们很聪明，往往喜欢走捷径，不屑于做一些琐碎辛苦的事情，因此难成大器。相反，那些在学校里成绩不是很好的学生，进入企业后，努力工作，吃苦耐劳，往往会得到领导的赏识，委以重任。这是一个很有趣的现象，值得每个即将走上工作岗位的人去思考。

企业对人才的需求是多元的，企业对人才的衡量也有自己的标准。在这些标准里，个人的智力往往不是排在第一位的，在激烈的人才竞争中，最终能够胜出的都是目标明确并有坚强毅力的人。这几乎是所有职场中人对人才评判的共识。

在这一章节里我们设计了一些讲座实录，其中，我们邀请了来自太仓舍弗勒公司的人事专员王雨馨女士谈谈"德企欢迎什么样的优秀人才"这一话题。舍弗勒是太仓最大的德资企业，拥有近8 000名员工、五个工厂、一个物流中心和一个特种设备装配中心，在太仓中专和苏州健雄职业技术学院建有培训中心，

2017年起，上交地方的税收已经超过10亿元人民币。应当说，这样一个规模巨大的德企对人才的要求，在太仓德企中是颇有代表性的。王女士是舍弗勒资深的人事专员，相信她能带给我们更接地气的关于德企人才要求的启示，从而为我们将来的职业选择与人生规划带来有益的参考。

## 第一节 德企欢迎什么样的优秀人才

### 【讲座·德企欢迎什么样的优秀人才】

主讲：舍弗勒（中国）有限公司人事专员王雨馨女士

时间：2018年3月9日

【主持人】大家好，今天我们很荣幸地邀请到来自舍弗勒公司的人事专员王雨馨女士来给我们做一个关于德企的专题讲座，讲座的题目是"德企欢迎什么样的优秀人才"。大家知道太仓是德企之乡，舍弗勒公司是太仓最大的德资企业。希望这个讲座，有助于我们了解德企，感知德企文化，拓宽我们的眼界，进而树立我们正确的人生观和就业观。下面我们用热烈的掌声欢迎王雨馨女士给我们做讲座。

各位同学，下午好，我希望通过今天近一个小时的分享，能给大家带来一些有益的东西。

大家事先可能也听说过关于德企的一些特征，德国人比较严谨，对人才、产品等的要求很严格。在座的各位同学，大家都这么年轻、这么有潜力，现在可以利用这个契机了解一下，将来你从学校毕业了，你需要到企业去，那企业对你们有什么样的需求？什么样的人是受企业欢迎的？

第一点我谈一下做这次讲座的初衷；第二点我谈一下企业对人才的需求；第三点就是，我经常到名校去招人，那我就讲一下名校好在哪里；第四点，谈谈大家认可的人才有哪些共同的特征。最后，给大家一点时间，如果大家对我的讲座有问题的话，可以提问。

今天能有这个机缘在这里，首先是因为我在公司里一直做一些培训，我喜欢把一些个人经验和他人分享，还有就是我比较喜欢和年轻人打交道，因为年轻人有朝气，有想法，有创意。我希望今天的交流能促进我们彼此的提升。如果大家有什么宝贵的建议，欢迎大家在讲座结束之前提出来。

谈完了讲座的初衷，我们来谈谈我们公司对人才的需求情况。因为公司很大，对人才的需求层面很多，有基于生产需要的，有基于研发需要的。在过去的2017年，我们一共招聘了2 484人，若按照班级计算，一个班有40个人，大概需要多少个班级的学生？约62个班！所以需求是很大的。但这还没有满足我们对人才的全部需求，只满足我们需求的97%。在2 484个新招聘的人员中，在新增岗位的员工有1 667个，其余的817个是因为有人离职才招聘入职的。内部招聘272个，外部招聘2 212个；外部招聘大多是从各个高校、职业技术学院招聘的；白领有531个，蓝领1 953个；白领中，经理以上的64个，工程师299个，专员168个；蓝领中分为技术工和普通工，技术工人791个，普工1 162个。在2 000多名招聘者中，有1 282个是为了满足太仓工厂需要的，其余的是为了满足别的工厂的需求。我们有南京工厂、银川工厂、湘潭基地和苏州工厂。剩下的人员是为了满足支持生产的其他部门，它们是4个中央部门：模具部57人，特种设备部79人、工业工程部13人、中央技术部3人。通过这些数据，大家可以看到企业对人才的需求是相当的复杂，是吗？

那么我们需要一些什么样的人才呢？

从学校对于学生施加的影响来看，也从学校氛围对学生影响来看，就学生个体最后呈现的状态而言，优秀的人才往往有其共同的特征：

第一个特征就是能主动学习新知识和新技能。我们看一下主动和不主动的区别：主动的人，自我成长，自己掌握主动权；不主动的人呢，被别人掌握命运。这就意味着，一个主动学习的人，他通常都是自我驱动的，没有被老师或者家长逼着去学习，他内心一直有这样的需求——超越自己，成就自己。反过来，不主动的人，学习都要靠家长逼着，这样的人是需要改变和调整的。然后我们看看主动和不主动的表现。

先看主动的表现：

*我要做，我要学*

*体现为一种自我驱动*

*动力来自自己内心*

*享受学和做的过程*

*寻找最好的解决方案*

*感觉经历的过程是在累积知识*

*一般回复是：我想试试，我应该能做好。*

再看看不主动的表现：

*要我做、要我学*

*算盘式，不拨不动*

*怎么又是我？*

*你看别人都没有……*

*差不多就行了*

*多担一点责任，都是吃亏心态*

*一般回复是：啊？我来做啊？好吧。*

优秀人才的第二个特征是对未知事物保持乐观的态度。从我的职场经验来看，假设我们公司招聘一批新的员工，如果他是一个对自我要求非常严格的人，有一个机会给他，但他从没接触过，他会说"我有兴趣了解更多的细节"，他也愿意尝试，哪怕从没做过，因为以前没有了解过，所以他会努力地寻找办法，因为他相信办法总比困难多。然后，他会虚心求教，当他觉得经验缺失时，他会向身边有经验的人请教，也许是他的领导，也许是他的同事、同学、老师，并运用他所能运用的资源。如果经过尝试后，他觉得结果很好，他会说，这件事总算做成了，一切辛苦都值得。如果没做好，他也不会沮丧，他会反思，自己哪里做得不好，教训同样可贵。

优秀人才的第三个特征是不轻易骄傲。

我分享一个故事，这是一个人小时候的一个故事，这个故事的主角是谁？仲永。这是什么样的故事呢？仲永是一个神童，出身于一个祖祖辈辈种田的家庭，5岁的时候还不认识笔墨纸砚，突然有一天他写了四句诗，还给诗写了标题，后来就出名了。出名以后，常常有人登门求诗，他都能立刻写出来，文采非常好，后来他的名声就越传越远，连当时的达官显贵都来和他做朋友，想结交他。他的父亲因此做了一个决定，停止求学，到处宣扬。后来的仲永才思渐渐枯竭，写不出诗歌了，虽然他很有天赋，但缺少后天努力，最终成为一个平庸的人。

由这个故事，我还想到一个人——彭于晏。他有什么样的故事呢？他出生在一个单亲家庭，从小缺少父爱。小学时，他是个体重70kg的小胖子，患哮喘，经常跑医院看病。年少时和家人移民加拿大，通过努力考取哥伦比亚大学，毕业后进入电影行业。当时，为了拍一个和海豚相关的电影，他获得了海豚训练师资格（这个需要获得相关的培训，拿到证书）。同时，他还学会了手语，并且成为一个非职业的体操运动员。在体操方面，能够像专业体操运动员那样，完成有相当难度系数的动作。这是非常不容易的。他还学会了泰拳、巴西柔术，这些我不懂，但我觉得很不容易。看到这样一个优秀的案例，再想想我们自己，如果取得过一点点成绩，可不可以骄傲呢？

优秀人才的第四个特征是：具备自己的思考和判断。

哪些方面说明他具备自己的思考和判断呢？

*念什么专业？*

*进什么公司？*

*从事什么职业？*

*选择什么发展路径？*

*结交什么朋友？*

从事什么职业？有人说想做老师，有人说想做警察，还有人说我想像彭于晏一样做一个演员赚更多的钱，这些当然都可以。结交什么朋友？我们都知道"孟母三迁"的故事，为什么呢？就是因为环境里的朋友，对你的成长影响重大。

最后一点，优秀人才的特征是：有外语优势。随着经济的发展，中国的国际化程度越来越高，太仓的外资企业，特别是德资企业也越来越多，因此，精通一门外语会给你今后的人生理想插上翅膀，为你今后的国际化沟通打开一扇窗户。这其中ABC（英语）是我们正在学的，是第一重要的国际化语言，也是进入德企最基本的沟通工具，英语是绝大多数德资企业的工作用语。除此以外还有德语、日语、韩语等，有了这样的一技之长，对你的职业和人生的选择将发挥意想不到的作用。

我今天和大家分享的就这么多了，谢谢大家！

【想一想】
1. 在王女士的报告里，她谈到优秀人才具备哪几个特征？对此，你怎么看？
2. 舍弗勒公司更愿意到名校招聘人才，对此你怎么看？有什么启发？

## 第二节　德企工程师眼中的中国

### 【讲座·关于伟速达公司】

主讲：伟速达（中国）汽车安全系统有限公司喷涂生产线总监

（美籍）Martin 先生

翻译：孙宇峰

时间：2016 年 11 月 11 日

【主持人】大家好，这是马丁先生，来自伟速达公司。他是伟速达公司的喷涂生产线总监，很荣幸邀请他来为我们做一个关于他们公司的讲座。这个讲座分为两个部分，第一部分的半个小时，他将给我们介绍关于公司的事情；另外半个小时大家可以自由提问、讨论。

### 【第一部分·公司与业务的介绍】

大家好，来到这儿我真的很高兴，对不起，我的中文不好，我说英文，可以吗？

我所在的公司实际上由三个公司组成：一个德国公司和两个美国公司。公司的名字是伟速达。这三个公司有一样的股权，各为三分之一。

我们的客户——汽车公司：宝马、通用、大众、福特等。

我们做很多汽车配件——门、锁、座椅等。

在中国我们公司在两个地方：一个在福建，一个在太仓。太仓的公司在广州路东亭路路口。

我是喷漆主管，喷漆生产线的流程：把我们公司生产的部件放在货架上，它们经过一个清洗机器，然后在另一个地方烘干。所以要先清洗、淋湿，再经过干净的水的冲刷，最后进入烘干的炉子。然后需要冷却，因为在我们喷涂前部件还是热的。在喷涂前还要除去灰尘,然后进行第一次喷漆。我们还要再在部件上上一层涂料。最后将部件放入炉子让它变硬,并使它冷却。之后,我们拿出部件,再进行质量检测。

我们生产线会用机器人喷漆。确保机器人喷漆时控制适当的喷漆距离,这非常重要,所以我们用上了测量仪器的指针,我们要确保喷出一样的斑纹和一样的产品。我们要确保喷漆的花纹和温度等是一样的。控制得当才能提高我们产品的质量。

检查产品的颜色非常重要,要和控制板进行对比。在控制板上,我们有顾客和质检部门都统一认为我们需要的颜色,然后我们将成品的颜色和它们进行比较。颜色的问题很难把握,看上去同样的颜色其实并不一样。如果你注意角度不同,颜色也不一样。颜色的问题是我们每天必须面对和解决的问题。

## 【第二部分·问答环节】

【学生】您的演讲非常精彩,想请问一下您在中国生活了几年?

【Martin】四年,并且我还要在太仓再居住四年。2009年时,我已在中国居住了一年半,当时住在福州,我也去过中国很多其他地方。我和我太太都很喜欢中国。我们喜欢中国人、中国食物,这里很安全,每天都很有趣。好问题,谢谢你。还有问题吗?

【学生】我想请问一下您喜欢吃什么?

【Martin】哦!我喜欢吃什么?奥灶面、鸡蛋饼。所有的中国菜都很好吃。我认为我最喜欢的是北京烤鸭和奥灶面。我也喜欢黄焖鸡、沙县小吃,它们都非常美味。中国有非常好吃的蔬菜,美国蔬菜没有味道,没什么意思。

【学生】您喜欢中国的哪些地方?

【Martin】我喜欢太仓、厦门、南京。我不喜欢大城市。上海和北京太大了,太多人了。我喜欢中等规模的城市。我去过重庆、成都、天津、北京、哈尔滨、大庆、烟台、沈阳、南京、苏州、桂林、湖州、杭州,这些城市中太仓是最好的,并且太仓人最客气。真的,最好。

【学生】中国的节日你最喜欢哪一个?

【Martin】我最喜欢端午节,中秋节也非常好。还有新年,因为每个人都回家，阖家欢乐，这一点非常好。通常像春节和国庆节之类的节假日我会回美国，看我的家人。

【学生】您的业余爱好是什么？

【Martin】我喜欢骑自行车和电动车，喜欢钓鱼；我喜欢冬天的运动，如滑雪啊、滑冰啊，但是这在这里很难；我也喜欢游泳，但是目前我太忙了没时间运动，所以我胖了。

【学生】圣诞节快要到了，请问您的公司在圣诞节会举行哪些活动？

【Martin】没有。我们庆祝春节。在圣诞节，我的公司也正常运行，所以我要在公司工作。回家的话，我会和朋友庆祝圣诞节，但不会和家人庆祝。在中国圣诞节时，每个商店都放圣诞歌，每个地方都有装饰，每个人都在庆祝，我们就加入他们。大家不想了解我的孩子们吗？我有两个孩子，我有一个30岁的女儿和一个27岁的儿子。我在汽车公司工作31年了。

【学生】您的公司在管理方面有什么特别之处？

【Martin】实际上我们的管理非常复杂。我们的总裁是中国人，但是他必须向全球总裁汇报。

我们有销售部门；因为我们需要设计汽车，所以我们有工程部门；每一个门把手都像一个项目，所以我们有项目经理；为了支持生产，需要购买颜料、塑料和很多东西，所以我们有采购部门；我们有很多员工，所以我们得有人去管理员工，就有了人力资源部；因为钱有进有出，我们就有了财务部；至于制造方面，我们需要管理每一个小部门的经理，来塑模、喷漆、取样；所有的部件都需要去仓库，所以需要仓库经理和开卡车运输货物的人。我们的工作非常复杂，必须团队合作才能够成功。我总是告诉我的员工我们是平等的，我知道大家都说"不，我有老板，他高高在上，我低人一等"。我不喜欢这样的想法。我认为我们虽然有不同的工作、不同的分工和责任，但每个人都值得尊敬。

【学生】请问您每周工作几小时？

【Martin】一个星期一般四十个小时，但经常加班。

【学生】请问你们公司的产品颜色有多少种？

【Martin】好问题。现在有170多种。因为要满足不同客户的需求，所以产品颜色很多。

【学生】您公司有多少人？

【Martin】好问题。现在在太仓我们有800人。在苏州市区的工厂大概有90人。他们做一些小的样品，不是门把手，是锁之类的。我过去是做汽车喷漆的。因为当时我觉得门把手很简单，汽车很难——汽车车身很大，顾客对于车身很挑剔。但实际上不是，做门把手并不简单。仔细观察把手，你会发现，外侧需要喷涂，内侧虽然我们看不见，但也要喷涂，而且喷涂这个部分会很困难。你需要确保能让边缘被很好地覆盖。确保不掉漆也非常重要，我们需要为此进行测试。

【学生】您看起来很年轻，您多大呢？

【Martin】五十六岁，昨天是我的生日。要知道我们得好好努力运动才能保持健康的体魄。如果不努力运动或者运动太过了，都不好。我认为我要加油保持年轻。在这方面中国帮到了我，因为在中国，我们需要经常运动。而在美国，我们坐上车开着车去超市，然后我们下车进超市，离开超市我们又上了车，下了车我们就进了家。但是在中国，我们要走更多的路而且我们有很多的台阶，这很锻炼人。在中国很好，让人一直在动。所以这是我喜欢中国的另外一点。我23岁结的婚，在那之后我有了我的孩子。在25岁我有了第一个孩子，28岁的时候有了第二个孩子。

【学生】你们产品的单价？

【Martin】它们都不同。有些有电线的，它们要贵一点。还有，客户若订单量很大，他们会说："我买了这么多，我想要非常低的价格。"他们让不同的厂商开价，并说："你们谁更低？谁想做成这笔买卖？我可是会买很多很多门把手的。"然后当你签订合同的时候，他们说："每一年你必须降低百分之五的价格。"他们总是加压降价。有的时候，他们甚至不相信他们拿到的价格是低的。

【学生】您喜欢车吗？

【Martin】喜欢。大城市太大了，那里很难找到停车位，停车很困难。以前我有房车，这很有意思。它有电视、空调，一应俱全。现在我没有房车了，但是我有一辆很旧很旧的车，是1968年的。我就喜欢这样的旧车。我小的时候，美国有一种车有很强的引擎和很快的速度，我认为现在的汽车都很没劲，它们看起来都一样，而老的车有很多不同的风格，所以我喜欢老车。我在汽车厂工作了很长时间，所以汽车对于我来说就像我的生命。

【学生】你们公司面试的时候有什么要求呢？

【Martin】首先，这取决于你想找什么工作。如果你想做样品，我们考量的是你是否有经验。一个人是否读过很好的学校和是否是一个好学生是非常重要的。因为如果你是个好学生的话我们就知道你可以学习，我们可以教你，你知道怎么学，我们就教你怎么做。然后你还得是一个好人，诚实正直而且努力。

> 【想一想】
> 1. 听了 Martin 先生的讲座，谈谈你对该公司产品质量管理的体会。
> 2. 产品价格竞争越来越激烈，也是大势所趋，对此，德资企业，比如说伟速达公司有没有什么应对方法？你怎么看？

## 德企小知识：关于德国手工业协会

德国手工业协会（HWK）是双元制职业教育的发源地和欧洲职业培训最高标准的制定者。HWK 的主要任务是连接手工业领域的企业与教学资源，为企业培养合格的员工。

德国所有的手工业企业都必须参加协会，受协会的监督和管理。与手工业相关的教育和培训，都是由手工业协会进行统筹、制订培训计划和进行考核的。手工业协会下设和手工业相关的所有专业的学校、其他类型的职业学校，学生必须经过手工业协会的考核，通过后才能获得相关的从业资格证书。

德国职业教育法规定，所有德国企业的从业人员均须拥有德国 HWK 的技能证书，HWK 培训课程涉及从汽车检测与维修技术、数控技术、喷漆、钣金到殡葬、游艇制造、帆船制造等 300 多种专业，培训包含多个层次和多种内容。其中职业培训的最高等级——大师，堪称应用技术领域的"博士学位"。

HWK 证书是德国官方认可的职业资格证书，它为手工业协会会员提供资格认证，该证书在欧盟及全世界都具有极高的含金量，并被全世界的德国企业普遍推崇。

德国手工业协会根据地域在全德国各地设有分支机构，如弗莱堡手工业协会、萨尔手工业协会、法兰克福手工业协会、特里尔手工业协会、普法尔茨手工业协会、鲁尔手工业协会等。

在德国，行会是"行业的自我管理组织"。德国有多个行会，如工商业行会、手工业行会、农业行会和律师行会等。从对职业教育的贡献来看，工商行会和手工业行会最为重要，工商行会和手工业行会承担了德国技能型人才培养工作的 90%。而工科常见的专业，大多归属于手工业行会，例如数控加工、汽车检测维修、工业机器人等。

2016年12月21日，"执梦前行　共育匠才"苏州市中等职业教育国际合作观摩会暨太仓中专—德国手工业行会考试认证基地签约仪式在太仓举行。

太仓中专与德国手工业行会达成一致，将共同建设德国手工业行会培训考试认证基地，并以此为基地在长三角地区进行德国手工业行会的认证体系推广。当天，相关与会人员为基地授"德国手工行业考试认证中心""德国手工行业培训中心""德国手工行会培训考试认证基地"牌。

"执梦前行　共育匠才"苏州市中等职业教育国际合作观摩会
暨太仓中专—德国手工业行会考试认证基地签约仪式

[选自《德国行业协会以及职业资格证书详解》，德国GFM教育集团SKY学院网（2020年5月13日），有改动]

# 第七章　德企的双元制之路

　　太仓的双元制教育，是值得每个太仓人引以为自豪的。因为在全国同级别的城市里，太仓的双元制教育的实践、规模及效应几乎是全国之最。太仓的双元制教育是太仓中德合作交流的典范成果，也是太仓能成为"中国德企之乡"的重要理由之一。

　　什么是双元制教育呢？所谓双元，一元是职业学校，侧重理论教学，传授专业理论和普通文化知识；另一元是企业，侧重职业培训，传授实用知识和职业技能。双方在教学师资和教学内容、教学场所方面密切配合，共同承担职业教育。双元制教育被称作"德国工业振兴的秘密武器"，为德国成为世界工业制造强国提供了有力的人才支撑。

　　回顾双元制教育在太仓的发展历程，认识双元制对于德资企业发展的意义，也许能让我们对德企文化有一个更为深刻的了解。

# 第一节 "双元制"的"太仓模式"

**【讲座·德国双元制教育在太仓的探索与实践】**

主讲：苏州健雄职业技术学院中德培训中心讲师侯彦博

时间：2018年9月28日

同学们，大家好，我先简单地介绍一下我自己，我曾经在德国留学5年，2007年回国，就到了苏州健雄职业技术学院中德培训中心工作，至今已经是第12个年头了。今天我就来介绍一下德国双元制教育在太仓的普及和推广，以及我们所进行的一些探索与实践。同学们，你们已经初二了，学过了地理，知道德国在哪里吗？我们知道德国在欧洲，是欧洲中部的一个国家。德国的名片有哪些内容呢？喜欢足球的，我们可以知道德国的足球很厉害；现在几乎家家有汽车，你们的父母可能开的就是德国品牌的轿车，有大众、奔驰、宝马，等等，德国的汽车品牌享誉世界；还有德国的啤酒也很好。德国曾经是世界出口的冠军，现在德国的出口在世界上也排在前列，德国大量出口机械制造、电子类等产品，直到2015年才被我们中国超越。其实，还有德国的双元制教育，也是德国的一个特色，德国正大量向国外出口这种双元制职业教育模式。我们言归正传，就来说说德国的双元制教育，以及其在太仓的探索与实践。我准备分三个部分来讲，第一部分是"德国的学校教育"，第二部分是"德国的双元制职业教育"，第三部分是"德国双元制教育在太仓的本土化实践与探索"。我准备用40分钟的时间做介绍，再留一点时间给大家提问。

德国的教育模式，3岁到幼儿园，6岁入小学，这个跟我们中国是一样的，不同的是，德国的小学只有4年，而我们是6年。德国的中学有四种类型，一种是主体中学，一种是实科中学，这两种中学主要为双元制职业教育提供学生。文理中学相当于我们中国的普通高中，是为大学教育提供学生。综合中学水平更高一些。文理中学是13年制的，实科中学是10年制的，主要学习复杂一些的职业教育内容，比如机电一体化、机械化与自动控制等。主体中学还少1年，是9年制的，主要学习手工制作，培养面包师、理发师等，学生动手能力比较强。

东西德在1990年统一，是在德国的前总理科尔的推动和努力下完成的。他说过这样一句话："德国能够腾飞，德国的职业教育就是德国的秘密武器。"由此我们可以看出，职业教育是德国在战败以后经济很差的情况下，能够重新腾飞的重要凭借。

什么是双元制教育呢？我们从概念上来做一下解释。双元制是德国职业教育的主要形式。所谓双元，一元是职业学校，侧重理论教学，传授专业理论和普通文化知识；另一元是企业，侧重职业培训，传授实用知识和职业技能。双方在教学师资和教学内容、教学场所方面密切配合，共同承担职业教育的任务。我们太仓的职业教育就学习了这种模式，不仅让学生学习理论知识，还培养其实践和动手能力。

从对德国受教育者的调查中我们可以得到如下的数据：各类学校毕业生中，有55.7%的人选择接受双元制职业教育，44.2%的人毕业于双元制职业教育。在国家承认的327个职业教育专业中，共有140万人接受培训，这就保障了高就业率。双元制职业教育的毕业生就业率高达95%，而未接受双元制职业教育的学生，其就业率只有80%；双元制职业教育的毕业生中，有43.8%的毕业生毕业后继续从事所学专业。受教育者平均每个月得到约70欧元的生活津贴。

企业方面，德国210万家企业中有44万家在开展职业教育，占比约达21%，并且大部分是大中型企业。每年有超过50万新生进入企业接受教育。接受双元制职业教育的学生，经过企业培训后，受雇率高达66%。企业平均每年为每个学员支付1.5万欧元，其中46%为生活津贴，占企业投资额的76%，而这可通过学员在培训期间参加企业生产实践而实现再融资。政府方面，政府与企业共同分担职业教育成本，政府用于双元制职业教育的公共支出达54亿欧元。其中29亿欧元用于支持1 600所非全日制职业教育的公立学校，25亿欧元用于职业教育的指导、监督及更多的保障措施。56亿欧元来自企业，相当于双元制职业教育的全部净成本，总成本为238.2亿欧元。

德国的学生，特别是走职业教育这一发展方向的学生，首先要积极参加双元制职业教育，并且要跟企业订立职业教育合同。然后再参加与工作实践相结合的职业教育，在接受了职业教育之后，由培训机构单独组织考试，通过考试以后，这些双元制职业教育毕业的学生就可以开启职业生涯。

这是一个简单的职业教育的流程，但这个流程需要各利益相关者监测、监督，并提供支持，要根据工作领域的需要，制定双元制职业教育标准，并且建立完备的法律框架，如此才能够支持整个双元制职业教育的发展。在这方面，德国居世界领先地位，他们做得非常好，促进了战后德国经济的腾飞。

那么，德国的学生为什么愿意接受双元制职业教育呢？他们可能是想从事自己熟悉的职业，想赚钱，想学习实用的知识；或者想获得一种技能，获得更多的职业资格证书；或者想继续学习，接受后期的中等教育，想成为一名优秀的工匠，比如机电钳工、机床钳工等。要寻求并找到自己的学习位置，可以浏览该地区职业教育的相关信息搜索学习位置，申请这个学习位置，选择想要进入的教育企业去接受培训。

那么，德国的企业为什么愿意进行双元制教育培训呢？因为企业希望他的员工都能胜任自己的任务和职责，希望学员能给企业带来生产性的和创新性的效益。开展职业教育是企业的社会责任，德国的企业希望降低员工入门和再培训的成本，希望他们能够对企业保持忠诚。

国家经济的增长和发展都离不开高技能的人才，所以青少年都应该接受中等教育，成为对社会有用的人。青少年必须适应现在和未来的劳动力市场，从而顺利实现就业。然而财政预算是有限的，加强和规范好双元制职业教育，必须有相应的保障措施。首先要建立规范双元制职业教育的法律框架，然后授权给各利益相关者，包括行业协会、企业、工会和政府机构，向所有人开放双元制职业教育的入学机会，不考虑之前的学历，将双元制职业教育纳入中等义务教育范畴，在公立职业学校提供双元制职业教育，确保双元制职业教育毕业学生有机会接受高等教育。要进行监测与开发，对双元制职业教育进行制度化的研究与开发。

双元制职业教育有哪些特征？受训对象具有双重身份，他既是培训企业的学徒，又是职业学校的学生，企业可以先招工，签订职业培训合同，学生再入学。师资由两部分人员组成，分别是企业培训指导人员和学校的教师。教学原则也由两部分组成，企业遵循培训章程、培训条例培训学生，法律基础为联邦职业教育法。学校依据教学大纲及联邦职业教育法培养学生。

双元制职业教育有两类管理机构：企业实践培训，由联邦政府主管部门负责；职业学校教学，由各州负责。经费来源有两个渠道：企业培训费用由企业承担，学校费用由国家和各级政府承担。

学生以企业实践培训为主，第一，学生要先申请获得培训位置，签订培训合同，成为企业学徒后才能寻找职业学校。第二，学生每周用三天半到四天时间在企业接受技能培训，一到一天半在学校上课。第三，必须参加由行业协会举办的企业技能培训的结业考试，内容包括职业培训章程所规定的技能和知识，以及学校开设的有关课程，通过以后才能够结业，正式成为企业员工。

双元制职业教育的特点还有：教育单位和用人单位成为统一整体；企业知道要培养什么样的人，企业是培养的主体，愿意投入资源进行培养；有法律规定的统一的培训标准，通用性和针对性相结合，岗位匹配能力和可持续发展能力相结合；能充分发挥企业教师和学校教师的优势，理论教学和实践培训交替进行；企业的行业标准、规范、最新的技术、工艺可以反映在教学中，学生学习动机明确，学习兴趣浓厚，可以培养学生良好的职业习惯、劳动态度、职业素养。德国双元制职业教育，可以提早实现学生从学校到社会的过渡，增强学生的社会适应性。

德国一个特定经济部门中的所有企业，均有义务成为商会的成员并缴纳会费。商会的决策机构，是由所有成员选出的会员代表大会，商会置于某一州最高的管理机关的法律监督之下，大多为州的经济部。德国目前有 79 个地方工商会、54 个手工业商会和个别职业商会，如医生、药剂师、律师、建筑师行业协会等。参与工商行会的，62% 是工商业企业，它们占据主体；还有 28% 是手工业企业。主要由工商业行会和手工业行会，对职业教育培训进行监督和指导。

企业为参与培训所要付出的成本，首先是为受训者付出的成本，有学员工资、社会福利和保障。然后是为培训师付出的成本，包括全职培训师及外部聘用人员等，还有场地、原料、设备损耗等，以及其他成本，比如交给行会的费用、额外课程的培训费用。

德国企业平均每年在每个学徒身上的投入与收益是怎么样的呢？以 2007 年和 2012 年的数据为例。扣除物价变化的影响，2007 年在每个学徒身上投入了 17 269 欧元，收益是 12 622 欧元，净投入是 4 647 欧元。2012 年的数据是 17 768 欧元，收益是 12 527 欧元，净投入是 5 241 欧元。部分企业在招收学徒时，发现越来越难以招到符合其要求的初中毕业生。部分初中毕业生因其自身素质和外在要求两方面的原因，既无法找到企业提供的培训岗位，又达不到职业学校的入学门槛，因而不得不进入过渡系统就读。而更多的企业随着社会的发展，自动化程度的提高，尝试从高中毕业生中招募学徒。

太仓地处长江出海口，紧挨着上海，是上海的后花园，地理位置得天独厚，因此成为德资企业的乐园。1993 年，第一家德资企业落户太仓，叫克恩-里伯斯公司，是专业生产汽车弹簧的。今年正好是德企落户中国太仓 25 周年，最近相关部门正在做一个德资企业落户太仓 25 周年的庆祝活动。到目前为止，25 年来，全市累计拥有德资企业300多家，项目总投资超过45亿美元，年产值超过500亿元人民币，单位产值能耗仅为0.022吨标准煤每万元。亩均产值1 400万元，亩均利润150万元，亩均税收110万元。企业普遍具有鲜明的"专精特新"特质，呈现出"隐形冠军多，核心技术多，单位产出多"等发展特点，太仓成为中国德资企业集聚度最高、发展效益最好的地区之一，被誉为中国"德企之乡"。

太仓在2008年被命名为"中德企业合作基地"，在2012年被命名为"中德中小企业合作示范区"，这是对25年来太仓中德合作成绩的认可。太仓只有809.93平方公里，却集聚了300多家德资企业，且都是具有科技含量高、污染小等一系列特点的企业，所以受到太仓政府的欢迎。太仓的德资企业主要集中在三大类，第一类是高端装备制造业，第二类是精密制造和汽车零部件制造业，第三类是新材料制造业。

德国来太仓投资的企业，主要集中在德国的三个州，一个是北莱茵-威斯特法伦州，另外两个是德国南部的州，一个是巴登-符腾堡州，还有一个是巴伐利亚州。德国的州相当于中国的省。德国的这三个州也是德国经济比较发达的州，比如德国的宝马汽车公司，就是巴伐利亚州的，奔驰汽车公司就是巴登-符腾堡州的。著名的德国拜耳公司，就是北莱茵-威斯特法伦州的。

中国的双元制模式和德国的双元制模式，有怎样的区别呢？我们怎样在中国目前国情下，按照职业教育发展的要求，来使德国双元制教育模式本土化，建立中国自己的双元制教育模式呢？目前，学生在第一年和第二年是在学校进行理论和实训，第三年到企业顶岗实习，这是中国双元制模式。那么德国双元制本土化模式：理论还是在学校学习，而实训在一个由政府投资建立的跨企业的培训中心进行。当然这个实训，企业要参与。由政府、行业、企业、学校联合组建一个跨企业的培训中心，比如说高新区管委会投资兴建一个跨企业的培训中心，这个培训中心不是属于某一个企业的。第三年，学员在企业顶岗实习。

2001年11月，时任国务院副总理李岚清和德国总理在人民大会堂"中德高技术对话论坛第二次会议"上，签署了太仓德资企业专业工人培训中心项目，这是中德两国政府之间的合作项目。太仓德资企业专业工人培训中心是在太仓首家德国企业克恩-里伯斯公司的总裁斯坦姆博士和太仓经济开发区领导的倡导下成立的，完全采用德国双元制职业培训的模式，以德国商会的行业标准培训专业技术工人。目前，培训中心由克恩-里伯斯公司、慕贝尔公司和太仓经济开发区及太仓中专四方共同持有。

太仓另外一个比较有名的培训中心就是舍弗勒培训中心。舍弗勒公司是太仓最大的德资企业。舍弗勒培训中心是舍弗勒集团双元制教育体系在中国的具体实践。舍弗勒集团，已经有上百年的发展历史，致力于熟练掌握理论和实践的专业技能工的培养，自 2005 年以来，舍弗勒分别在太仓工厂、南京工厂和银川工厂建立了大型职业技能培训中心，培训中心源源不断地为公司的生产运营提供技术人才，同时帮助在职员工提高自身素质和技能，培训专业包括机电一体化和工业机械。

最后我介绍一下是苏州健雄职业技术学院。健雄职业技术学院，是以"中国居里夫人"吴健雄的名字命名的全日制公办普通高校，学院依托太仓丰富的德资企业资源，在 2007 年 6 月与德国工商大会上海代表处及 20 多家德资企业联合创立国内首个中德双元制培训中心。该中心采用德国职业资格标准和培训体系，实行企业化管理，为地方高端制造业的发展提供了工匠人才支撑，成为太仓对德合作的重要窗口和长三角工匠人才培养的摇篮。该中心实施德国培训大纲、职业资格标准和培训模块，由德国专家团队建设和指导，并通过德国行业第三方考核认证，取得全球通用的 AHK 职业资格证书。学生具备严谨、专注、敬业、专业、精益求精的工匠精神和过硬的技能，深受企业欢迎。培训专业包括机电一体化、模具、数控和电气。

太仓虽然有 300 多家德资企业，但是，只有少数企业有能力建立自己的培训中心培训技术工人。大多数企业是没有能力建立自己的培训中心的。所以，我们成立健雄职业技术学院这个中德双元制培训中心，就是为所有德资企业服务的。学生毕业并不是到某一家德资企业去，而是所有德资企业都可以去。

【想一想】
1. 什么是德国双元制教育？德国双元制教育对于德国的工业发展有什么意义？
2. 太仓的双元制教育有什么不同于德国双元制教育的地方？认识太仓的双元制，对你今后的职业生涯规划有没有启发？为什么？

# 第二节 从"益技欧"看德企的管理之道

**【讲座·关于益技欧电子器件（中国）有限公司】**

主讲：EGO 人事经理 Anna Lv

地点：EGO 公司培训室

时间：2018 年 10 月 26 日

【Anna】EGO 是我们公司的名字，翻译成中文就是"益技欧"，它既是一家家族企业，也是一家高科技企业，公司从 1931 年就开始经营，那到现在有多久了？

【学生】87 年。

【Anna】这家公司非常知名，在欧洲，它是行业里的老大，但在中国可能好多人还不知道它。我们在行业里扮演居于领先地位的供应商的角色。

我们在全球 16 个国家都有自己的公司或者办事处，我们在家具行业是 NO.1，是第一位的。

公司在 1931 年刚刚成立的时候，就叫 EGO，公司的总部在德国。公司在 1931 年创立，1933 年就生产了 57 000 个产品，当时的员工很少，只有 70 名员工。1940 年，公司的一个餐厅开放；1955 年，公司上市了；1960 年，公司设立了意大利分公司；1978 年，公司的某系列产品开始在市场上售卖……1980 年，公司的北美分公司成立；2005 年，公司得到了质量方面一个非常重要的奖项；2012 年，公司开始在太仓建厂，投入生产。当然，我们并不是 2012 年才来到中国，其实，我们在 20 世纪 90 年代就来到了中国，先是在上海开展业务。公司 1999 年在上海嘉定经营，2011 年搬到太仓，2012 年正式投产。我们公司的占地面积是 46 000 平方米，建筑面积是 28 000 平方米。员工在 2017 年年底达到了 700 人，今年最高峰时达到了 850 人。太仓这边是生产基地，公司的研发中心也在这边，销售中心建在上海。

【Anna】我们有四大车间，最主要的就是电子车间。刚才有同学问我，我们为什么要走这个绿线啊？你们觉得是为什么呢？

【学生】安全。

【Anna】好！安全！

【学生】有秩序。

【Anna】很好！还有吗？同学们都很聪明！我们有黄线，还有白线，你觉得哪些地方和外面有点像啊？

【学生】黄线和斑马线有点像。

【Anna】我要为你们鼓一下掌。那确实是斑马线。工厂里的斑马线是用来干什么用的？

【学生】让行人通行。

【Anna】大家有没有注意到我们进出都没有从大门走，而是从小门走的啊？小门有绿线通道，是为行人设置的，跟马路的概念是一样的，绿色区域是人行道，黄色区域是机动车道。我们现在模拟跟外面一样的斑马线，等同学们下次来，就可以看到已经喷涂上去跟外面一模一样的斑马线了。大门不是给行人走的，是给机动车走的。看见斑马线，行人可以在上面走，机动车是必须要减速、要停的。这是我们安全方面的坚持。还有别的问题吗？

【学生】EGO招人的时候，一般来说，基本要求是什么呢？

【Anna】我们是根据不同的岗位招人，一般车间里直接跟机器打交道的是蓝领，在办公室的是白领。我就是白领，来自人力资源部。我们公司有一部分来自健雄职业技术学院的学员，他们正在实习，然后根据考核，合格的留下，做蓝领技术工人，他们有他们的职业晋升通道。接下来就是白领。在我们公司，你可以往技术方向发展，从助理工程师，到工程师，到高级工程师。你如果觉得自己有管理才能，也可以往管理方面发展，做主管，做经理，甚至更高的职位。不管做什么工作，大家首先要把基础打扎实，要把基础的东西学好。

【学生】如何评定优秀员工呢？

【Anna】关于优秀员工，我们有绩效的考核。当然，还有一些平时表现的考核，比如你是管理者，你怎样带团队，这跟评三好学生是差不多的。

【学生】EGO 工资待遇怎么样？

【Anna】终于问到这个问题了！这要根据不同的岗位，我们也会参照太仓的工资水平。EGO 的工资不是太仓最高的，但也不会低，关键看这个岗位的可替代性高低。如果你这个岗位技术含量不高，可以很容易地被别人替代，那工资可能不会很高；如果，你这个岗位可替代性低，技术含量高，公司也会花重金留住你，相应的，工资就会比较高。

【学生】EGO 公司的经营理念是什么？

【Anna】跟公司的两位创始人的想法一样，公司的产品是跟厨房有关的，所以我们公司的经营理念是让生活更容易、更轻松。我们还会为员工服务，安排一些亲子活动。特别是公司很多员工是外省的，我们会在暑假给员工的孩子安排 6 个星期的活动，会邀请他们参观公司，看看他们父母的工作环境，安排他们参观上海及其他地方，举办夏令营活动，等等。

【学生】EGO 企业文化是什么样的？

【Anna】刚才大家也了解到了，公司的企业文化是为员工服务。

【学生】除了留守儿童夏令营外，公司还有哪些活动呢？

【Anna】我们还有一些员工的活动，我们有工会，工会就是代表职工的，会组织一些足球、篮球、羽毛球的比赛，还有各种俱乐部。新员工进公司，可以根据自己的兴趣爱好参加各种俱乐部，由公司付费，安排大家在太仓的各种合适的场所开展活动，丰富员工们的生活。

【学生】我想知道员工对待工作的态度是怎样的？

【Anna】我们公司的员工对待工作的态度还是蛮好的，可以说是兢兢业业。我们公司实行的是弹性工作制。我们规定上午 10 点到下午 4 点是我们的核心工作时间，但是，一般我们的员工会在上午 8 点就来公司，下午 4 点以后，如果工作还没有处理好，我们的员工也会留下来把工作处理好。

【学生】你们公司的员工培训是怎样的？

【Anna】员工培训是员工职业晋升的重要通道。我们有企业内部的培训，也有企业外部的培训。有时是进行一些基本技能的培训，比如 WORD、EXCEL 的操作培训，有时是培训员工进一步学习专业知识，我们也会请外面的老师来对员工进行培训，可以帮助员工拓宽知识面，增加某一方面的技能。

【学生】我想请问您，EGO 公司的 logo（企业标志）是什么意思？

【Anna】我来公司的时间不长，关于公司的 logo，EGO 这 3 个字母是什么意思呢？我们请我们人力资源部的一位老员工西西来回答一下。

【老员工】EGO 是 3 个德文单词的首字母，分别是"电子""生产""能力"的意思。

【Anna】好，接下来同学们可以问最后一个问题。

【学生】公司的管理特色是什么？

【Anna】管理这个词非常的宽泛，非常"大"，给人高大上的感觉，你们也不一定好理解，我用通俗一点的话说，就是我们"以人为本"。最后，感谢大家今天对 EGO 的参观，希望将来同学们学到更多的知识和技能之后，能够来 EGO 工作，能够成为我们的员工，一起为 EGO 的发展做贡献。谢谢！

【想一想】

1. EGO 公司的文化氛围有什么特色？试举例说明，这样的文化氛围会给公司带来怎样的好处。

2. 你去过别的德资企业吗？如果去过，请谈一谈你对这家德资企业的企业文化氛围的印象。

## 德企小知识：关于德国中心

2016 年 6 月 2 日，太仓德国中心正式成立，该中心是全球第八家德国中心，也是在中国继北京、上海后的第三家德国中心。

德国中心是专为德企尤其是德国中小企业进入国际市场探路而建立的调查研究及招商中心，提供从市场咨询、律师服务、秘书翻译、谈判展览到办公用房、金融服务、德国贸易等各项服务。巴伐利亚州立银行是德国中心的投资方。2015 年 3 月 31 日，德国中心签约落户太仓。太仓德国中心位于东亭大厦内，投资额达 1 200 万美元，中心目前开放 3 层楼、32 个办公空间，已有 12 家德国机构确定或已入驻太仓德国中心。

德国驻沪总领事罗腾说，太仓德国中心开幕，对于德国中心、对于太仓，甚至对于中德两国经贸合作来说都很重要。得益于太仓政府对德企的大力支持，以及太仓各方面展现出的良好投资环境，太仓成为德国工商界最为喜爱的海外发展基地之一。在中国华东地区，除上海以外，这里聚集了最多的德资企业。当前，中德合作不断加强，此次德国中心开幕，其意义超越了地方层面，体现了中德两国经济合作发展关系进一步加强，在经济关系强劲发展的基础上,必将促进其他多领域的交流与发展。

德国中心作为最有影响力的德资企业招商管理运营平台在太仓正式开业,是太仓长期保持对德友好交流与合作的重要成果。太仓德国中心将充分发挥自身优势、突显桥梁纽带作用,为更多的德国企业进驻太仓,为进一步深化太仓与德国的沟通合作交流做出更大贡献。

巴伐利亚州立银行董事博克尔说,对于许多德国企业而言,中国一直是一个重要的海外市场。巴伐利亚州立银行服务于德国经济,多年以来一直为德国中小企业快速而便捷地进入中国市场提供支持。巴伐利亚州立银行希望通过太仓这一新的基石,帮助企业进一步锁定中国市场。同时,德国中心也非常乐意为中国企业走向德国提供服务。

上海德国中心 CEO 夏建安说,德国的企业对在上海这样的大城市周边落户具有越来越大的兴趣。太仓德国中心的设立,不仅缘于太仓良好的硬件条件,也缘于德国人对太仓的执着,以及对太仓的信任与欣赏。企业不但要发展成功,也要获得满意度和幸福感。相信通过太仓德国中心,能让更多的德国企业拥有对太仓的良好感觉。

开展对德合作 20 多年来,太仓德资企业历经从无到有、从小到大的发展过程,对德合作成果在推动太仓经济社会快速发展方面发挥了积极重要的作用,成为太仓在国际上的一张亮丽名片。设立太仓德国中心,无疑为双方搭建起了一个更高层次的合作平台,标志着太仓市对德合作迈入新阶段。

德国人对外投资十分谨慎,有德国中心的地方,德国企业更愿意去投资。德国中心在太仓运作,无疑为德企投资太仓又增添了一组重量级砝码。

德国中心服务的企业很多和欧洲企业有着密切的业务和经济往来关系,它们可以把欧洲的商机带到中国来;通过这些入驻企业,中国企业也可以将客户拓展到整个欧洲区域。

[选自《太仓德国中心投入运营对德合作迈入新阶段》,太仓新闻网(2016 年 6 月 3 日),有改动]

首批入驻德国中心的企业签约

第七章　德企的双元制之路　131

位于东亭大厦的太仓德国中心

太仓德国中心标志

# 第八章 青年人的职场之路

## 【给年轻人的一封信】

亲爱的同学：

你好！

关于职场，你准备好了吗？

职场是什么？说白了，就是我们走出校门后该去的地方，是几乎所有人都要面对的工作环境。教育是什么？简单点说，不过是教人做事和做人。因此，衡量教育好不好，最关键的可能就是看一个人在职场的表现与成就了。

歌德说过，这个世界上，所有值得思考的问题都被思考过了，我们所做的只是重新思考而已。诚哉斯言！尽管科学技术在不断进步，但对于人生的很多重大问题，都曾经被这世间聪明的人思考过了，但是要理解他们的思考，后人还要重新思考，于是，需要教育。比如对于人生规划的思考，也都曾经被聪明人思考过，孔子就说过："吾十有五而有志于学，三十而立，四十而不惑，五十而知天命，六十而耳顺，七十而从心所欲，不逾矩。"遗憾的是，这句关于人生规划的格言，并非每个人都明白，特别是对于一直处在校园生活中的年轻学生。如今的时代，十五岁而有志于学的孩子恐怕很少，三十而立者，在我们身边，又有多少呢？能够做到四十而不惑的人，往往是那些成功人士；五十岁了，还在为生计苦苦挣扎的人比比皆是，哪里有"知天命"的归属感？现实中，我们的学习生活往往被应试教育驱使着，我们的业余生活往往被游戏、追星文化包围着，上学，考大学，工作，然后结婚生子，这样的节奏似乎是每个人的宿命，而关于未来工作的职场，我们只是道听途说，知之甚少，知之甚窄。因此，对很多年轻人来说，初入职场，往往像一个不会游泳的人第一次面对大海一样，完全不知所措，轻则被现实撞得鼻青脸肿，重则头破血流，甚至一蹶不振。对此，我们与其责怪职场的残酷无情，不如反省自己对职场的无知。因为大多数学生，往往除了考试外，几乎很少有时间去思考职场，更少有时间去体验职场。

其实，如果我们能对职场有一定的知识积累和心理准备，职场也就没有那么可怕了。职场有职场的游戏规则，职场有职场的文化氛围，职场也有职场的奖惩机制和价值标准，它有别于学校，也不同于家庭。我们需要在校园生活中，了解职场，体验职场，只有这样，当我们面对职场时，才能从容应对，不卑不亢。

在本章的学习内容里，我们可以认真听一听来自艾伯纳公司的人力资源总监做的题为"青少年人生规划和职业规划"的讲座。讲座中，他结合自己多年的外企人事工作经验，向我们介绍了企业的环境与氛围，如何面试，如何规划自己的职业生涯等，他娓娓道来，循循善诱，语重心长。此外，两位外国朋友在座谈会上也特别有趣地揭示了外国朋友们在中国的职场生活和业余生活，让我们换了一个视角去看待职场，看待生活。听了这几个讲座，相信大家对未来的职场生活会有所感悟。

年轻人，关于职场，你准备好了吗？

本书编著者

2021 年 7 月

# 第一节　青年人的职业生涯规划指南

## 【讲座·青少年人生规划和职业规划】

主讲：艾伯纳人力资源总监吴飞先生

时间：2018 年 5 月 18 日

各位老师，各位同学，下午好！非常高兴今天和大家做一次分享，我曾经是老师，现在在太仓的一家外资企业做人力资源管理工作。人力资源的管理和我们学生的管理差不多，我们也是注重对人的潜力、积极性的开发，以此来发展公司。今天给大家分享什么呢？开始的时候，我考虑了一下，今天面向的是青少年朋友，我以前也给学生上过课，他们大多数比你们还要年长一些，我觉得应该找一个适合你们的、能让你们领悟的话题，那就是关于人生规划和职业规划。因为你们这个年纪正是开始思考这个问题的时候，希望今天我的分享能给大家带来一些启发。

今天讲座有三个部分：第一部分，请大家认识我，也认识我的公司；第二部分，用一些关键词来探讨人生规划；第三部分，从探讨人生规划到探讨人生目标，再到探讨职业规划。

【第一部分】

我以前做过十年的中学老师，在大学也做过培训师，在职业经理人这条路上已经走了 15 年，在三家欧美企业就职过。学术上，我获得过 EMBA 学位，主要是做经济管理。现在担任艾伯纳中国区的人力资源总监，同时也是艾伯纳集团下的一个分公司的总经理。我想把这个头衔说的高一点，这样同学们可能会对我刮目相看一点，对我的讲座更感兴趣一点。

艾伯纳公司是一个典型的欧美企业，是奥地利企业，主要说德语，和许多德国企业一样，在全球有几个工厂。在客户方面，比如上海的宝钢，就是我们的客户。同学们如果对太仓比较熟悉的话就会发现，我们厂就在东亭路和北京路的交叉口，我们公司的产品就是热处理设备。

为了迎接你们将来到艾伯纳工作，我这里先宣传一下，公司是中等规模，只有300多人。在中国的工厂里，艾伯纳公司主要有两个车间，一个是机械装配车间，一个是电气装配车间，总面积大概3万多平方米。在我们这样的企业里，有专业要求，有技术要求，比如说我们要求员工会制图，能看懂图，会钣金加工，会焊接，会铆钳装备、CNC数控车床操作，会机械工艺，产品由电气装配后员工会现场安装调试。我们有设计、研发、热工、自动化及项目管理等部门。企业有一定的声誉，有一定的品牌效应，获得了诸如"高新技术""安全生产""实习基地"等荣誉，借这个机会，给大家认识一下企业，了解一些企业的关键词。我去年暑期给职业中学的一些老师做了这方面的讲座，主要是为了让他们了解企业。企业在建成过程中首先要经过发改委、商务局、经信委立项，然后要经过环保、工商、税务、财务、海关等部门的审核，接着企业要提供相关的报告材料在银行开户。在经营条件方面，我们要知道这个企业有多大，建在什么地方，资产是多少，它的物业管理、保安、消防、安全卫生保障等怎么样。公司里的员工分为技术员工、管理员工和服务员工三部分。经营活动，就是怎样去经营，而我的工作就是管理人和事的，事主要是指行政事务。除此之外，还有财务、供应链、进出口、设计研发、生产工艺、质量控制、仓储、设备维护、包装质检、销售、项目管理、售后服务、产品安装调试等，企业里有这么多的经营活动，你们将来工作后如果进入我们公司，就会参与到这些活动中来。

对于一个企业来说，组织架构是怎样的？就像学校一样，学校是校长负责制，我们是总经理负责制，总经理下面有几个部门：

第一个部门要做出产品，就是生产部，计划、准备、工艺、机械加工、焊接、装配、喷涂、包装，这些是我们公司生产部的工作。

第二个部门是工程部，工程部分为技术服务部和设计研发部。

此外，我们公司还有质量部、采购部、销售部、人事行政部、财务部。我就是人事行政部的负责人。

企业的员工又有几部分：一般来说，有后勤，就是负责后勤保障的，像清洁工、门卫；还有普工，就是主要从事简易装配、包装工作的；技术工人，在我们公司有钳工、焊接工、油漆工、电气装配工等，有140人，以上是我们公司主要的员工。此外，还有文员，文员是坐办公室的，是各部门的助理，行政、人事、财务都有文员的岗位。相对来说，文员主要操作电脑、做表格、做数据、做汇报统计等，文员也有初级、中级和高级的分别。高级的文员能够负责公司某一块的业务，比如说会计师，你们的父母中可能有做会计的，会计师就是高级文员。另外，工程师一般具有工科背景，而文员一般是文科背景的。有技术背景的工程师也分为初级、中级、高级，他们在我们公司也占有一定比例。我们公司主管经理有20个，总监有6个，我就是这6个里的一个，其中有4个是外国朋友。

每年我们都发布招聘启事，和年轻人相关。我们每年会招收一些大中专的实习生来到我们的一线岗位实习，实习半年或一年，所谓大中专，就是大学本科，大专和中专。实习内容会根据你学习的专业和本人的能力倾向而定。

现在，也许大家知道，在太仓这个地方，欧美企业的待遇好像要高一点。正规的企业每年根据你能力的提升，待遇都会有所提高。所以很多人倾向于到欧美企业工作。进入我们公司的员工，首先要参加面试，在面试中，我们经常会提一些问题。提什么问题呢？如果你刚从学校毕业，我就会问："你在学校里学的什么课程？哪些课程你最熟悉？"我经常听到的答案是"不知道"，或者"我不记得了"，刚刚从学校毕业，就这样回答，那我也不知道这样的学生在学校学的是什么？我还会问："哪个学科你最感兴趣？"这就是我们考量一个人的心理素质、学习态度的方法。我们还会问，"你为什么要加入我们公司？""你准备好了吗？""你做了什么方面的准备？""如果到我们公司，三年后有什么打算？""五年或十年后你想成为什么样的人？"很多人答不出，如果不考虑这些问题，面试的时候就过不了关。我们这样问，就是看他们有没有良好的自我认识和职业规划。在面试的时候我们还会问一些涉及你的心态的问题，我们会在接下来看到这部分内容。看你有没有好的心态，有没有好的职业素养。什么叫职业素养？我们招聘员工和学校招收学生一样，都希望员工是好员工，学生是好学生，都希望他们有好的习惯，这就是职业素养。

## 【第二部分】

我的女儿初中毕业后就被送到德国去读书了,有点残酷,十四岁就到德国去读高中了。那里的学习和这里有一点很不一样,她最大的感受就是,在德国,学生的胆子特别大,最喜欢说话。比如说,有时候一堂课就讲一道数学题,可能是因为我们这里基础教育特别好,对我女儿来说,这道数学题可能最多5分钟就可以知道答案了,但是对其他德国同学来说,他们需要发散性思维,需要讨论,这条路走不通的话,走那条路,就为了一道题,花了一堂课的时间,七嘴八舌地交流。开始的时候,我女儿看不惯,瞧不起,觉得这些德国孩子太笨了,但是德国孩子在解题过程中,想了很多,他们在思考,在享受这个过程。我希望同学们从现在开始,要勇敢一点,表达自己,这也是为求职做准备,至少你不能在求职过程中什么也说不出来。

接下来,我们谈今天的第二部分,就是人生规划。在座的,包括我,都出身平凡,所以注定一生也是平凡的,但在平凡的人生中,每个人还是有不同的价值的。

孔子把我们的人生分为六个阶段,他曾说:"吾十有五而有志于学,三十而立,四十而不惑,五十而知天命,六十而耳顺,七十而从心所欲,不逾矩。""十有五",就是十五岁左右,孔子认为这个年龄要有志于学。像我现在就是知天命的年纪,我对人生的方方面面都了解了,所以我羡慕你们,人生正处在美好的年华里,你们乐于争取行动,并且追求人格独立。是不是这样?说你们看似不懂,又好像什么都懂,你们的记忆广度达到峰值,超出成人,你们现在是记忆的最佳时期。就是说,你们这个时候,记忆力非常强,比如我女儿到德国去读书,一年时间,德语就说得非常流利了,而如果我现在学德语,就很难了。

你们现在处于成长求学时期;然后是进入社会初期,也就是大学毕业后;事业高速成长时期大概在35—45岁之间;45岁后就是顶峰平台时期。

你们现在需要思考一些问题,比如理想和未来,有首歌叫作《我的未来不是梦》,但是如果你们现在不去脚踏实地思考未来,不去努力,你们的未来就是一场梦。

为什么我总是说羡慕你们,因为你们年轻,摆在你们面前的是灿烂的前程,未来就像一张白纸，你可以在上面驰骋，画画，画出你人生的美好蓝图。但同时，你们也会有不知路在何方的迷惘。我希望大家能对未来充满信心，从现在开始，做一个正常的积极向上的年轻人，不虚度青春，你们的未来就会是令你满意的。著名作家路遥写过一篇小说《平凡的世界》，告诉我们什么是人生：

<u>人生就是永不休止的奋斗！</u>

只有选定了目标，并在奋斗中感到自己的努力没有虚掷，这样的生活才是充实的，精神也会永远年轻！我们经常会听到有的同学说不知道自己的未来是什么样的，没考虑过将来成为什么样的人，我希望大家能思考一下，因为今天你是什么人并不重要，重要的是你将来想成为什么样的人？

我在一本书上看到，人生有三宝：好心态，好习惯，好性格。人生的发展规律与运行程序大概是：志向—目标—梦想—欲望—性格—态度—习惯—命运。而志向与目标是决定人命运的重要因素，许多人的失败并不是因为缺少才干，而是志向与目标产生了距离，也许就是俗话所说的"高不成低不就"。

爱因斯坦是20世纪最聪明的人之一，他说过这段话："将安逸享乐视为人生目的，是猪圈里的理想。"我为什么要引用这段话呢？是因为一件事，以前，我们公司在南通招了6名大专生到公司实习，从事质检工作。有一天他们的父母来看他们时，说："我们的孩子怎么可以在车间里干活呢？为什么不在办公室坐在电脑旁边？"然后父母就把他们的孩子领回家了，6个孩子全走了。我很不理解父母的做法，学生毕业后到企业，进车间，能学到一点技术，作为以后人生的一些支撑，这没有任何问题啊！但是，现在很多人还有这样的想法，希望以后的工作有很舒适的工作环境，坐在电脑前喝杯茶，不要操心什么，又有钱。这种生活不是真实的，也没有价值。这种想法就像爱因斯坦说的那样，"是猪圈里的理想"。所以现在很多年轻人对未来很迷茫，这其实是一种"空心病"，因为他没有用心去思考生活，甚至不知道什么是生活。

## 【第三部分】

大家都知道窨井盖是圆的，我在面试工程师的时候，也包括一些外国朋友，会经常问他们："What's this? Why is it round?"为什么是圆的？在座的有谁告诉我？

我问这个问题，是想考验一个人的心理素质。其实这个窨井盖，为什么是圆的，有很多答案，比如说，圆的漂亮，难道不是吗？每次测试员工的时候，谁说的答案越多，我就录用谁。这说明他考虑问题比较全面。受力均匀也是对的，还可以是便于搬运、不易损坏等。答案可以有一二十种，我不想纠结于究竟有没有唯一答案，这只是一种思维能力的检测。

现在讲职业规划了。我要求大家想一下，你五年后会是什么样子？每天坐什么交通工具？五年后每天打交道最多的职业是什么？

很多年轻人毕业后做着发财的梦，但企业里却找不到有用的人，这是我们目前的社会怪象。为什么会这样呢？因为我们不明白企业对员工的期望，那么企业对员工有什么期望呢？在解决这个问题之前，我们先看员工对企业的期望：

*稳定、健康、品牌*

*组织承诺*

*优厚的薪酬待遇*

*优秀的企业文化*

*培训、职业发展*

*成就感*

再看看企业对员工的期望：

*专业*

*服从*

*忠诚*

*敬业*

*创新*

*吃苦耐劳*

*积极主动*

*职业规划*

*奉献*

由此比较，我们不难看出两者之间的差距所在了。这种差距对于我们制定职业生涯规划很有意义。职业生涯规划有如下基本内容：

*环境分析——自我评估——选择目标——实施调整*

环境分析是什么意思呢？比如说你家里，父母一天到晚打麻将，你说你的学习能好吗？能有上进心吗？这就是家庭环境的影响。如果你生活在一个非常落后偏僻的地方，你的教育、智力开发可能就要差一些。这里最主要的内容是"选择目标"，然后就是"实施调整"，很多同学想法很多，今天有这个理想，明天有那个，这种变化也是很正常的，是一种调整，根据所处环境的变化而变化。

我希望下面几个问题能够成为你职业规划的思考模式：我是谁？我想做什么？我会做什么？环境支持或允许我做什么？我的职业生涯规划是什么？在我们的企业里主要有这六种工作：非技能工作、半技能工作、技能型工作、半专业性和管理性工作、专业性工作、高级专业性和管理性工作，大家可以根据自己的情况对照选择，这里有几个关键词：自信、兴趣、真诚、自然和坚信。我希望在你的职业生涯中，你一定要有自信、兴趣、真诚、自然和坚信。这就是职业素养。

我想和大家分享一篇微信上看到的文章：

### 不读书、不吃苦，你要青春干吗？

现在有些同学谈到读书，谈到吃苦，犹如谈虎色变，避之唯恐不及。

一帮不学无术的女孩聚在一起，号称所谓的姐妹，以为有了姐妹就有了全世界。她们在一起聊好吃的、聊穿的、聊化妆品，想的是网上购物、刷微信、刷微博，追韩剧……

而一帮无所事事的男孩聚在一起，号称所谓的哥们，以为有了哥们就有了天下。他们在一起逃课、抽烟、打扑克、玩游戏、看玄幻，甚至约架……以为这就是疯狂，这就是该有的青春。

他们看不起那些不会化妆、不会打扮、一天到晚只知道读书的好学生。

还骂那些好学生是书呆子，骂他们傻，只知道读书，殊不知，两三年后，好学生上一本、上211、上985，甚至上清华北大，而他们却要考虑去三本，去高职高专，甚至考虑要不要南下打工。

有的人可能会说，读书有什么用，现在好多没读大学的也混得非常好。

其实，你们忘记了一个词语，这个词语叫作比例。

而那些占极小比例的没读书就成功的人，那是他们自身具备了成功的一些素质，而你们是否具备呢？

每个不想念书的学生，都会不约而同地找一个不读书就能成功的案例来作为他放纵的最后心理安慰。

那么我很遗憾地告诉你们，这是改革开放 40 多年后的中国，这里再也没有素质低下而钻了政策的空子就能一夜暴富的奇迹。

这里优胜劣汰！这里适者生存！

同学们，以我个人的经验，在青春时代，叛逆和疯狂当然可以，但几年的放纵，换来的可能就是一生的卑微！

我们讲一个故事，是一段父子之间的经典的对话：

儿子刚上学不久就问当农民的父亲，人为什么要读书。父亲说，一棵小树长 1 年的话，只能用来做篱笆，或当柴烧。10 年的树可以做檩（lǐn）条。20 年的树用处就大了，可以做梁，可以做柱子，可以做家具……

一个小孩子如果不上学，他 7 岁就可以放羊，长大了能放一大群羊，但他除了放羊以外，基本干不了别的。

如果小学毕业，在农村他可以用一些新技术种地，在城市可以到建筑工地打工，做保安，也可以当个小商小贩，小学的知识够用了。如果初中毕业，他就可以学习一些机械的操作知识了。如果高中毕业，他就可以学习很多机械的修理知识了。如果大学毕业，他就可以设计高楼大厦、铁路桥梁了。如果他硕士、博士毕业，他就可能发明创造出一些我们原来没有的东西。

知道了吗？

儿子说知道了。

爸爸又问：放羊、种地、当保安，丢人不丢人？儿子说丢人。

爸爸说：儿子，不丢人。他们不偷不抢，干活赚钱，养活自己的孩子和父母，一点也不丢人。

不是说不上学，或上学少就没用。就像长了一年的小树一样，有用，但用处不如大树多。

不读书或读书少也有用，但对社会的贡献少，他们赚的钱就少。读书多，花的钱也多，用的时间也多，但是贡献大，自己赚的钱也多，内心的成就感和价值感会更强烈。

那次谈话给儿子留下了极深的印象，从此儿子在学习上不需要威逼，更不需要利诱，就会做出最好的选择。

这段对话告诉我们，努力读书和不读书大不同。

马云这个人大家也都知道，他在《不吃苦，你要青春干吗？》的演讲中说过:"当你不去拼一份奖学金,不去过没试过的生活,整天挂着QQ,刷着微博,逛着淘宝,玩着网游,干着我80岁都能做的事,你要青春干吗?"

最后,我想送一句话给大家:勤学志远。这个意思就是希望大家勤奋学习,树立远大志向,你的未来就不是梦,就一定会走向成功!

【想一想】

1. 在吴飞的讲座中,提到企业对员工的九个期望,分别是什么?你是如何理解这些期望的?试简述之。

2. 听了吴飞的讲座,你对自己的人生职业规划有什么想法?

## 第二节　外国人在太仓的趣味生活

### 【专题讨论会·外国人在太仓的生活】

特邀嘉宾：Hartmann（德国）Laura（美国）

时间：2018年5月25日

讨论会现场

【主持人】各位同学，我们今天迎来了两位外国朋友，Laura女士和Hartmann先生，我们今天的话题是"外国人在太仓"，我们希望通过这个话题，让大家进一步了解外国人在太仓的生活，进而了解外国人眼中的太仓，让我们更多地学会国际化的交流，这也是我们课程活动的目的。讨论会现在就开始了，首先，请Laura介绍一下自己。

【Laura】大家好，我的名字是Laura，我来太仓6年了，我丈夫在太仓的公司工作，我退休了。我有两个孩子，女儿32岁，儿子29岁。我女儿是大学生物学教授。我儿子在医院，是医生。我是美国人，来自密歇根州的底特律市，那里是美国的汽车工业城。我爱太仓，太仓人最好，在中国所有的地方，我觉得太仓最好。

【主持人】Hartmann，你可以用汉语来介绍一下自己。

【Hartmann】大家好，我是萨巴斯第安，我已经来中国一年半了。他（指主持人）是我的中文老师。我是德国人，29岁，是一名工程师，在舍弗勒公司上班。我有一个妹妹，她19岁。

【主持人】听了两位外国朋友的介绍，现在大家可以自由地问一些自己感兴趣的问题。大家可以用中文说，也可以用英文说。用中文说，我帮你们翻译。萨巴斯第安的中文说得很好的。

【学生】Laura女士，我想问一下，你喜欢中国菜吗？

【Laura】（大笑）是的，中国菜非常好，比美国好。谢谢你。

【主持人】你喜欢哪些中国菜呢？

【Laura】我想想，黄焖鸡、北京烤鸭、青菜、黑木耳，我爱黑木耳，所有的中国菜，我都喜欢。我经常吃沙县小吃的拌面，拌面很好吃。我还喜欢红烧肉。我还吃过蝉，挺好吃的，总之，每样中国菜都很好吃。还有生煎包、小龙虾等。小龙虾的肉很少，但是吃了以后桌上会很乱（笑）。在美国南部，小龙虾很受欢迎。在美国，我们有大龙虾，大龙虾有两个大鳌，小龙虾吃起来比大龙虾麻烦。

【学生】你去过中国的长城吗？你觉得长城怎么样？

【Laura】我去过，很震惊，能感受到中国古代文化，感受到有很多人来建造长城，感受到古时候的战争场景。我丈夫去过长城五次，我们知道有个朋友走完长城的全程。我还知道古时候建长城的时候，用的黏合剂是糯米！美国人从没听说过，而且很结实。我去过桂林、福州、沈阳、哈尔滨、西安等地方，但是太仓我觉得是最好的。

【主持人】Hartmann，你去过中国哪些地方呢？

【Hartmann】除了太仓以外，我还去过苏州、杭州、北京等地方。

【主持人】你最喜欢哪里？为什么？

【Hartmann】我最喜欢西安，因为那里有兵马俑。

【Laura】是的，兵马俑！当我进去的时候，看到2 000多年前的兵马俑站在那里，我深深地吸了口气，我惊叹于这种古代的艺术。

【学生】萨巴斯第安先生，你能介绍一下你的工作吗？

【Hartmann】我负责生产计划，生产需要有很多的准备，我做数字方面的准备。

【主持人】我解释一下，他是数字工程师，就是给很多数控机床的数字编程提供帮助，写程序代码。

【学生】你有什么游戏方面的爱好？或者别的爱好？

【Laura】问我吗？（笑）我不知道怎么说了，植物，我对植物的兴趣很大。

【主持人】我插一下，关于Laura，她年轻时是一个非常优秀的游泳健将，她有很高的游泳水平，可以代表美国参加奥林匹克运动会的比赛。

【Laura】是的，但那是年轻的时候，不是现在了。那是我以前的爱好。我怎么忘了？

【主持人】萨巴斯第安，你有哪方面的体育运动爱好？

【Hartmann】我喜欢踢足球、打羽毛球，我还喜欢乒乓球。

【Laura】我还喜欢打台球。

【学生】Laura，你玩什么电子游戏？

【Laura】电子游戏？在美国玩过，比如球类的，或者那种视频的电子游戏，用游戏手柄玩的那种，但玩得不多。我在这方面不是很精通，也许萨巴斯第安会精通一点，他可能是游戏之王。

【Hartmann】（笑）我会打麻将。

【Laura】我也要学电脑麻将。

【主持人】和中国人一起玩吗？

【Hartmann】是的，和中国人一起。

【学生】请问两位，你们喜欢中国的节日吗？什么节日？

【Hartmann】我喜欢，可是中国节日总是有很多人。我特别喜欢端午节。

【Laura】我看过端午节的龙舟比赛，在无锡。

【主持人】在太仓的金仓湖，每年都有龙舟赛。

【Laura】舞狮子是怎么回事？

【主持人】舞狮子也是传统的庆祝活动表演，适用于所有的庆祝活动。

【Laura】舞狮子的表演太精彩了！这是我喜欢中国文化的地方。我喜欢文化，这是我的第一爱好，无论我去哪里参观，都会关注当地的人文景观。我去过郑和公园，那地方就很好。

【主持人】Hartmann，给你印象最深的中国节日是什么？

【Hartmann】春节。

【学生】在太仓，你喜欢去哪里玩？

【Laura】玫瑰园，还有沙溪、双凤。双凤有座庙，很好看，寺庙内祷告的音乐声也很好听，很优美。我们骑车去过那里，在路上，耳边萦绕着寺庙内的音乐声，很动听。我最喜欢的就是走走看看不同的地方，看看当地人。我时常骑电动车到处看看。

【Hartmann】我喜欢去金仓湖看看，金仓湖很漂亮。

【学生】你会唱中文歌吗？

【Laura】不会，没人教我唱中文歌。

【学生】你们初次来中国的时候，是什么感受？

【Hartmann】第一次来中国的时候，我觉得中国太大，人太多，我有点迷惘。

【Laura】我 2010 年第一次来中国，我到了上海，我老公来接我，晚饭吃的兰州拉面。在一个很小的地方，就两个位子，有一个窗子和一个风扇。厨师们手里拿着很大一块面团，嘭，嘭地砸着案板，一边扯一边拉。但是，那是我这一生中吃到的最好吃的面，我喜欢街边的食物。我也很爱中国人，他们很友善，并且总是这样，这是我对中国人的第一印象，虽然他们很多不会说英语，但很友善。很好的问题，不，这是最好的问题。

【学生】你们觉得中国的天气怎么样？

【Laura】很热！可是春天很好，秋天也很好，冬天还可以。美国的冬天，雪有这么高（齐肩）。雪很大，很冷。太仓的冬天不冷。

【主持人】是的，太仓人很少看到雪。去年的雪很大，十年一次。我的女儿看到雪很激动。

【Laura】哦，你们堆雪人？

【主持人】是的，因为这是她出生后遇到的第一次大雪，她太高兴了，十年一次啊。可是中国很多北方人不喜欢雪，他们讨厌雪。南方人，看见雪很惊喜。

【学生】你看中国电影吗？

【Laura】是的，如果有英文字幕，有时候我会看，但是觉得头痛（因为听不懂）。我听得懂一点点，我在无锡看过电影。

【主持人】事实上，我们现在有很多原声电影，英语发音，汉语字幕，很多电影院有这样的电影。很多中国电影也有英文字幕。

【Laura】英文字幕的，我不知道啊。我很想看到更多的中国电影。

【学生】你们喜欢中国文化吗？喜欢什么样的中国文化？

【Laura】我喜欢太极、中国功夫、武术。

【Hartmann】我也喜欢这些。因为它们很独特。

【主持人】对，因为它们很独特。

【Laura】我们国家历史很短，只有200多年。

【主持人】中国的历史有5 000多年，但是有文字记载的是3 000多年。事实上中国的文化是多元文化，不同民族的文化有很多差异。比如说在云南，就有这样的民族，他们栖居在树上，像鸟一样。

【学生】请问你们对中国的房子怎么看？

【主持人】是现代的房子还是传统的建筑？

【学生】传统的。

【Laura】这个很有趣，我听说中国古代传统的建筑里有的房子是专门给女人住的，她们从不下楼接待客人，很封闭。可是我很喜欢中国的传统建筑。我喜欢那种有花园、有池塘的农家小院，走进院子，里面有一张石桌和两把石椅，现在我知道中国的乡下就有这样的房子。对我来说，（走进这样的房子）就像走进了某个博物馆。还有一些亭子和塔，这些到处可见的传统建筑，美国可没有。

【Hartmann】我在拉斯维加斯看到过。

【Laura】对，在拉斯维加斯有中国传统的建筑。

【学生】请Hartmann介绍一下德国有什么好吃的东西。

【Hartmann】德国有很多的香肠，还有各种面包。

【主持人】也许大家不知道，德国很多城市的名字就是食物的名字。比如说汉堡，大家都知道的，还有，柏林就是一种甜的面包，法兰克福就是一种香肠。

【Hartmann】德国最有名的食物是什么？啤酒！

【主持人】对，德国最有名的（食物）就是啤酒了！

【Hartmann】德国人喝很多很多啤酒。

【学生】你有养宠物吗？

【Hartmann】我没有。

【Laura】我的女儿有很多，蛇、很大的蜥蜴、三条狗（有一条很小，有一条很大）。她的四只蜥蜴中有一只一米五长，吃肉，是很特别的品种。我自己家里那条狗，刚刚去世。对了，我很喜欢中国的鞭炮。但我今年来中国的时候，发现没有鞭炮了，但是我理解中国政府严禁燃放烟花爆竹的做法。

【主持人】现在城里是禁止的，可是乡下放鞭炮没关系。

【Laura】我想念那些鞭炮声。每天六点钟，我在鞭炮声中醒来（笑）。

【学生】你喜欢中国的大熊猫吗？

【Laura】我太喜欢了，很可爱。我还没看过真的大熊猫，只从电视上看到过。

【Hartmann】我在成都的动物园看到过。

【主持人】我知道无锡动物园里有大熊猫，大熊猫看上去很可爱的，但是小心一点，它也是熊，很强壮的。

【Laura】我在美国的电视上看到过大熊猫的生长过程，怎么繁殖，吃什么，等等。

【学生】你们网购吗？

【Laura】是的，淘宝、京东。

【Hartmann】我有时候也在网上买东西，我还会用手机叫外卖，还有用滴滴打车。

【Laura】今天我第一次用滴滴打车，我自己一个人坐的。

【学生】你多长时间回国一次？

【Hartmann】一年两次，圣诞节回去一次，夏天回去一次，和我的家人团聚。

【Laura】我一年4—5次，回美国。一般都是夏天，因为太仓夏天太热了。

【**主持人**】时间关系，今天的专题讨论会就到这里，非常感谢 Laura 女士和 Hartmann 先生给我们带来这么多新鲜的内容，也希望今后他们能常和我们交流。再次感谢你们的到来！

【想一想】
1. 看了这个专题讨论会的记录，了解到外国人在太仓的生活，你有什么启发？
2. 在外国人的眼里，中国文化和中国的发展，是吸引他们的地方，对此，作为一个中国人，你怎么看待中国文化和中国的发展？

# 后　记

　　本书是了解德国文化和德资企业在太仓发展情况的通俗读物，也是广大青少年学习德企文化和工匠精神的辅导读本。

　　本书从立意开始，就受到著名学者方世南教授的关心和指导，他对本书编著提出了重要的指导意见，并欣然为本书作序。作为国内德资企业最为密集的区域，太仓市高新区对教育系统为做大"对德合作"这篇文章的积极作为十分支持。本书是集体智慧的结晶，苏州健雄职业技术学院、江苏省太仓中等专业学校在德国"双元制"本土化领域走在全国前列，具有丰富的实践经验；太仓市陆渡中学大力实施素质教育、培养工匠精神，取得显著成效。三校领导在对德教育合作领域志同道合，他们群策群力为这本书历时两年编著完成倾注了心血，其中，苏州健雄职业技术学院的葛晓娇、陆梦朕、张联民、侯彦博老师，太仓市陆渡中学的孙宇峰老师等也参与了相关章节的资料收集和初稿撰写，做出了积极贡献。太仓市作家协会副主席张庆参与了书稿讨论，提出了很多有价值的修改意见。本书编著过程中，广泛参考并引用了国内外专家、学者的大量研究成果，在此一并表示衷心感谢。

　　身处"德企之乡"太仓，作为培养德智体美劳全面发展的社会主义建设者和接班人的教育者，探究企业文化和工匠精神是进入一个全新领域的新尝试，需要不断调研、不断总结、不断升华。由于时间仓促，加之我们对资料信息的收集和整理还有提升空间，书中难免存在不当之处，热忱欢迎读者批评指正、提出意见，以便在后续再版中修改和完善。